멘탈 파워 충전소
마음아, 단단해져라

멘탈 파워 충전소
마음아, 단단해져라

초판 1쇄 펴낸날　2024년 1월 31일

글	최은영
그림	김진화
펴낸이	홍지연
편집	고영완 전희선 조어진 이수진 김신애
디자인	권수아 박태연 박해연 정든해
마케팅	강점원 최은 신종연 김가영 김동휘
경영지원	정상희 여주현
펴낸곳	㈜우리학교
출판등록	제313-2009-26호(2009년 1월 5일)
제조국	대한민국
주소	03992 서울시 마포구 동교로12안길 8
전화	02-6012-6094
팩스	02-6012-6092
홈페이지	www.woorischool.co.kr
이메일	woorischool@naver.com

ⓒ최은영, 김진화, 2024
ISBN 979-11-6755-252-5　73810

- 책값은 뒤표지에 적혀 있습니다.
- 잘못된 책은 구입한 곳에서 바꾸어 드립니다.

만든 사람들
편집	탁산화 고영완
디자인	이든디자인

- **일러두기**_이 책에 표기된 '멘탈'의 표준어 표기는 '멘털'이나 독자의 이해를 돕기 위해 멘탈로 표기하였습니다.

멘탈 파워 충전소

마음아, 단단해져라

최은영 글 | 김진화 그림

흔들리지 않는 단단한
내가 되기 위한

파워 충전소
시리즈

우리학교

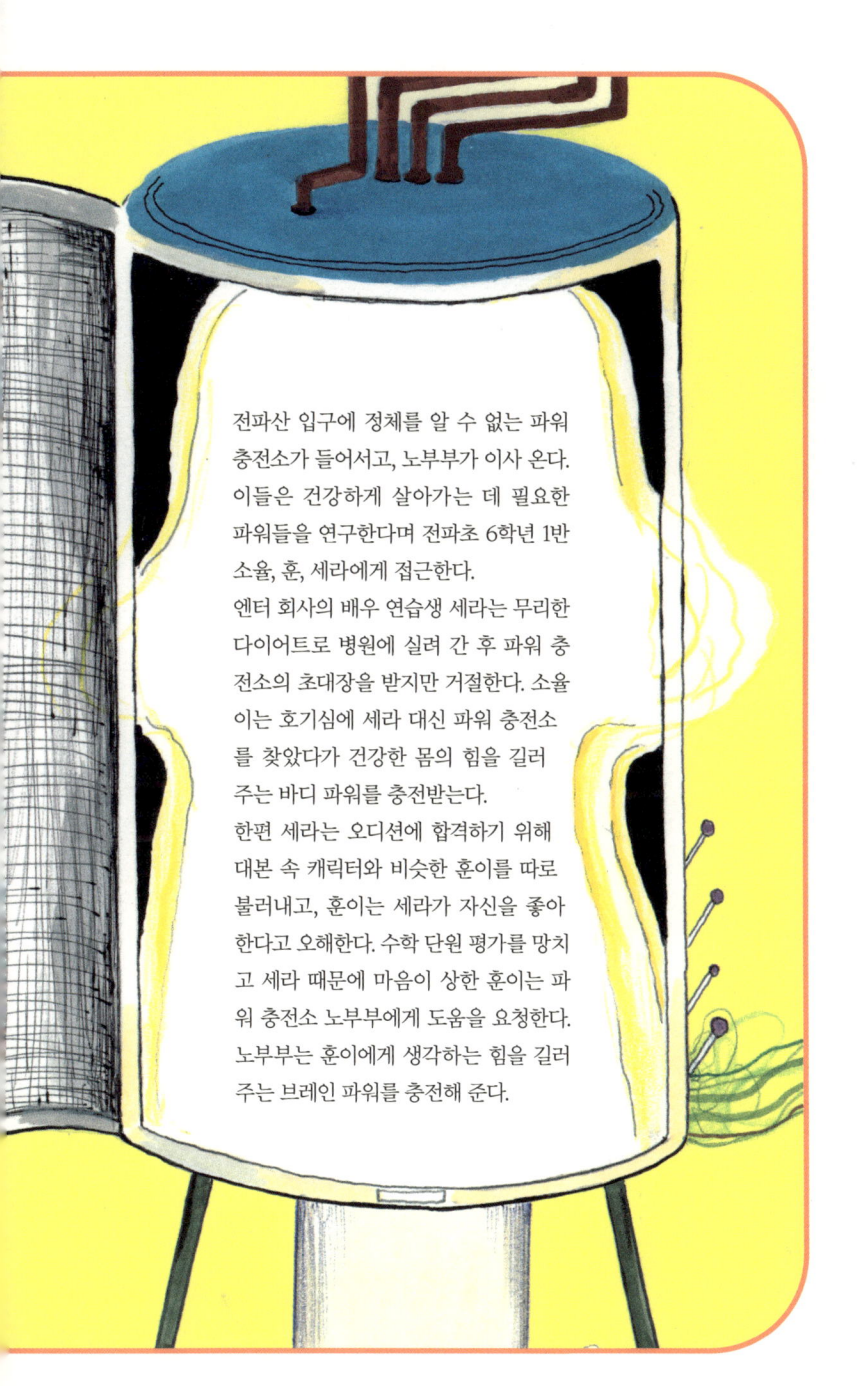

전파산 입구에 정체를 알 수 없는 파워 충전소가 들어서고, 노부부가 이사 온다. 이들은 건강하게 살아가는 데 필요한 파워들을 연구한다며 전파초 6학년 1반 소율, 훈, 세라에게 접근한다.
엔터 회사의 배우 연습생 세라는 무리한 다이어트로 병원에 실려 간 후 파워 충전소의 초대장을 받지만 거절한다. 소율이는 호기심에 세라 대신 파워 충전소를 찾았다가 건강한 몸의 힘을 길러 주는 바디 파워를 충전받는다.
한편 세라는 오디션에 합격하기 위해 대본 속 캐릭터와 비슷한 훈이를 따로 불러내고, 훈이는 세라가 자신을 좋아한다고 오해한다. 수학 단원 평가를 망치고 세라 때문에 마음이 상한 훈이는 파워 충전소 노부부에게 도움을 요청한다. 노부부는 훈이에게 생각하는 힘을 길러 주는 브레인 파워를 충전해 준다.

차례

프롤로그

기다림의 끝 * 17

화가 점점 자란다 * 32

윤화는 빛난다 * 45

버티고 버텨도 * 61

할머니의 손님 * 75

부러움의 정체 * 87

알 수 없는 마음 * 102

마음도 힘이 필요하다 * 116

충전, 멘탈 파워 * 130

멘탈 파워란? * 144

에필로그

작가의 말

프롤로그

유산균춤

"너희는 토요일마다 여기에서 저녁을 먹기로 한 거야?"
초록빛 시금치를 다듬으며 파워 충전소 할아버지가 물었다. 할머니는 소율이와 함께 넓은 홀에서 명상 중이었다.
"에이, 저희가 있어야 할아버지랑 할머니도 심심하지 않잖아요!"
할아버지의 손을 거들며 훈이가 헤실거렸다. 할아버지는 허허 웃으며 먹고 싶은 게 뭐냐고 물었다.
"할아버지가 해 주시는 건 뭐든 다 좋아요!"
훈이가 할아버지 옆에서 살랑거렸다. 할아버지는 냉장고에서 갖은 채소를 꺼냈다. 오늘 저녁은 채소 파티가 될 것 같았다.

"세 번째 파워는 뭐예요?"

명상을 마친 소율이가 할머니에게 물었다.

"글쎄?"

할머니는 장난기 가득한 얼굴로 소율이를 바라보았다. 깐깐해 보이던 첫인상은 온데간데없었다.

"세 번째 파워를 받을 주인공은 언제쯤 찾아올까요?"

할아버지와 할머니의 설명대로라면, 건강한 삶을 영위하는 데 꼭 필요한 파워가 부족한 사람은 자기 발로 파워 충전소를 찾아올 거였다. 첫 번째 파워인 바디 파워의 주인공 소율이도 그랬고, 두 번째 파워인 브레인 파워를 받은 훈이도 그랬다. 소율이와 훈이는 다음 파워가 무엇인지도 궁금했

지만, 그것을 받아 갈 사람이 누구인지가 더 궁금했다.

딩동-.

때마침 초인종이 울었다.

"아, 오셨군!"

할머니는 힐끗 시계를 쳐다보더니 파워 충전소의 문을 덜컥 열었다. 세라의 할머니였다.

"어, 혹시?"

소율이가 눈을 크게 뜨고 할아버지를 돌아보았다.

"세라네 할머니가 세 번째 파워를 받을 사람이에요?"

훈이도 소율이와 비슷한 생각을 했는지 놀란 눈으로 할아버지를 보았다. 할아버지는 어깨를 으쓱 들었다 내렸다.

세라의 할머니는 어색하게 미소를 지으며
소율이와 훈이를 바라보았다.

기다림의 끝

　세라는 또다시 스마트폰을 쳐다보았다. 일요일 오후의 나른함에 젖어 있기라도 한 듯 스마트폰은 잠잠하기만 했다. 아무 일도 일어나지 않을 것 같았다. 세라는 스마트폰을 침대에 휙 던져 버렸다. 더는 스마트폰에 매달리고 싶지 않았다. 세라는 방문을 발칵 열고 거실로 나섰다.
　"오늘따라 왜 이렇게 번잡하게 구실까?"
　텔레비전을 보며 파를 다듬던 엄마가 세라에게 슬쩍 말을 붙였다. 세라는 기분이 더 나빠졌다. 엄마의 말투가 꼭 시비를 거는 것 같았다.

"내가 뭘 어쨌다고요?"

냉장고 문을 열다 말고 세라가 빽 소리를 질렀다.

"벌써 몇 번째 들락거리는 줄 알기나 해?"

엄마도 세라 못지않게 목청을 키웠다. 세라는 울뚝불뚝 성난 얼굴로 엄마를 노려보았다.

"아이고, 엄마랑 딸의 대화가 왜 이렇게 뾰족해? 응? 우리 공주님, 뭐 마실 거 찾아?"

할머니가 두 팔을 쫙 펼치며 세라에게 다가왔다. 세라는 이맛살을 찡그리며 얼른 방으로 들어와 방문을 쾅 닫았다. 세라는 할머니가 말끝마다 '공주님', '우리 공주님' 하고 부르는 소리도 듣기 싫었다.
"쟤가 요새 왜 저러지?"
엄마의 짜증스러운 목소리가 방문을 넘었다.
"아서라, 어제 오디션 보고 왔잖아."
할머니가 세라의 마음을 헤아렸다.
"누가 저더러 오디션 보러 가라고

등 떠밀었어? 자기가 좋아서 가 놓고는 왜 저렇게 신경질이냐고."

엄마가 바락바락 소리를 높였다. 그 뒤로도 할머니랑 엄마는 뭐라고 이야기를 더 주고받았다. 더는 들리지 않았지만 엄마의 말은 이미 세라의 기운을 쭉 빼놓았다.

'자기가 좋아서 가 놓고는…….'

세라는 고개를 홰홰 저었다. 세라도 무작정 좋아서 가는 것만은 아니었다. 엄마가 세라에게 조금만 더 마음을 쓴다면, 세라가 왜 오디션에 열심히 참가하는지 알았을 것이다. 하지만 엄마는 몰랐다. 아니, 알려고 하지도 않았다. 그래서 세라는 더 울컥울컥 화가 솟았다.

침대에 풀썩 엎드리는데, 하필 던져 놨던 스마트폰이 팔에 걸렸다. 세라는 스마트폰을 눌러 시간을 확인했다. 오후 4시 25분. 혼자서 끙끙 앓느니 확인해 보는 게 나을 것 같았다. 세라는 스마트폰을 두 손으로 잡고, 실장님에게 메시지를 보냈다.

영화사에서 연락 없었나요?

어제 영화사 오디션장에서 세라는 '서해' 역할을 제법 잘 해냈다. 세라가 서해의 대사를 뱉어 내자 오디션장에 있던 사람들이 "오호!" 하고 탄성을 질렀다. 서해라는 캐릭터에 대해 어떻게 생각하느냐는 감독님의 질문에도 세라는 막힘없었다.

"자기를 드러내지 않고 친구들의 기분을 항상 맞춰 주는 아이인데요. 그래서 더 외로울 것 같다고 생각했습니다."

세라가 답변을 마치자, 감독님 옆자리에 앉은 사람이 고개를 반짝 들고 세라를 보았다. 그리고 질문을 던졌다.

"어째서 더 외로울 것 같다고 생각했나요?"

"서해는 세상에 드러나지 않는 존재니까요. 외롭지 않을까요?"

시나리오에 등장하는 서해는 주인공의 주위를 맴도는 주변인에 불과했고, 주인공이 해 달라는 건 무엇이든 다 해 주는 천사 같은 아이였다. 교실에서 늘 주목을 받는 세라와는 아주 다른 부류의 아이인 셈이다. 평소 많은 아이가 세라의 곁을 맴돌며 다정하게 굴었다. 조금이라도 세라랑 친해지려고 말이다. 그런데도 세라는 종종 외로웠다. 가끔씩은 교실에 앉아 있는 자신이 자기 같지 않다고 느졌다. 자기를 감추려고 가면을 뒤집어쓴 아이……. 세라는 그런 자신이 서해 같다고 생각했다.

"세상에 드러나지 않는 존재는 외롭나요?"

또 다른 사람이 물었다. 그만큼 세라는 오디션을 연 영화사 사람들에게 관심을 받았다. 반면에 옆자리에 앉아 있던 윤화는 세라와 영화사 사람들의 이야기를 들으며 고개만 주억거렸다. 사람들은 윤화에게 별반 관심을 주지 않았다.

"이번엔 언니가 될 것 같아!"

오디션장을 나오며 윤화는 세라를 향해 엄지손가락을 번쩍 들어 올렸다. 윤화는 세라와 같은 엔터 회사에서 함께 연습생 생활을 하는 한 살 아래 동생이었다. 세라는 윤화를 보며 생긋 웃었다. 세라의 마음속에 자신감이 차올랐다. 배우 연습생이 되고 다섯 번째로 보는 오디션이었는데, 이번에는 분위기가 정말 좋았다. 오디션장의 모든 기운이 세라에게 쏠린 것만 같았다. 그런데 연락이 없었다.

"일요일이라 그런가?"

어쩌면 그럴지도 몰랐다. 토요일 날 오디션을 봤으니 하루쯤 쉬어 가는 걸 수도.

세라는 스마트폰을 잡고, 책상 앞에 앉았다. 눈길이 스르

르 탁상 달력으로 향했다. 일주일 뒤 일요일에 노란 스티커가 붙어 있었다. 달력을 새로 받기가 무섭게 세라가 붙여 놓은 스티커였다. 세라는 엄지손가락으로 가만가만 스티커를 어루만졌다.

  방문 밖이 부산스럽더니 고기 굽는 냄새가 방문 사이로 흘러들었다. 오늘 저녁 메뉴는 철판에 구운 생고기와 멸치로 육수를 내어 만든 잔치국수인 모양이었다. 세라는 이맛살을 찌푸렸다. 고기와 국수는 세라가 좋아하면서도 피하는 음식이었다. 엄마도 할머니도 분명히 알고 있는 사실이었다.

"세라야, 저녁 먹자."

  할머니가 활짝 웃는 얼굴로 방문을 열었다. 고기 냄새가 확 끼쳤다. 세라의 입안에 군침이 돌았다.

"안 먹을래요."

  세라는 코를 막으며 침대 위에 털썩 앉았다.

"조금만 먹으면 되지. 같이 먹자, 응?"

  할머니가 세라의 팔을 잡았다.

"아니, 저는……."

"너는 뭐? 다이어트해야 한다고?"

엄마가 불쑥 방으로 들어와 세라의 말을 잘랐다. 언제부터인가 엄마는 작정한 듯 세라의 말을 끊었다.

"네가 다이어트할 게 뭐 있어? 잘 먹고 튼튼해야……."

할머니가 세라를 달래려 들었다. 하지만 세라의 마음에는 찬바람이 가득했다.

"고기랑 국수는 안 먹는다고요!"

세라가 성난 목소리로 외쳤다.

"그럼 뭐, 또 풀때기나 조금 집어 먹으려고?"

엄마도 소리를 높였다. 엄마와 세라가 맞붙어 있는 시간이 길어지면 길어질수록 엄마와 세라의 목소리는 칼싸움이라도 하듯 날카롭게 부딪혔다.

"아유, 그만해. 그럼 나와서 샐러드라도 먹어. 할머니가 얼른 차려 줄게."

할머니가 엄마에게 손을 내저으며 세라에게 말했다.

"저 생각해서 먹으라는 줄도 모르고……."

엄마는 끝내 한마디를 더 하고 세라 방을 빠져나갔다. 세라는 쌕쌕 숨을 몰아쉬었다. 엄마의 말끝은 늘 세라를 아프게 찔렀다. 할머니가 세라의 등을 토닥거렸다.

"나 지금 안 먹을래요."

지금 엄마 앞에 나서면 또 싸울 것 같았다. 어차피 배도 고프지 않았다.

"그래도 먹을 때 같이 먹자, 응?"

할머니가 사정하듯 세라를 바라보았다. 세라는 얕게 숨을 내쉬고 부엌으로 나갔다. 고기 냄새가 창자를 자극했다. 먹고 싶었다. 하지만 기름진 음식을 먹으면 지금껏 노력했던 게 다 물거품이 될 것이다. 세라는 체지방이 빠진 날씬한 몸매를 유지하고 싶었다. 그래야 오디션에서 조금이라도 유리한 위치를 차지할 수 있을 테니까.

할머니가 냉장고에서 채소를 꺼냈다. 세라는 할머니가 꺼낸 채소를 얼른 받아 들었다. 엄마의 잔소리를 피하려면 세라가 알아서 해야 했다. 할머니는 안쓰러운 듯 세라를 바라보았다. 세라는 채소를 볼에 담고 수돗물을 틀었다. 쏴 쏟아지는 물은 시원했다.

"그렇게 먹다가 쓰러지지."

엄마가 혼잣말하듯 뇌까렸다.

'이미 쓰러진 적 있거든요!'

세라는 입을 꾹 다문 채 채소를 씻어 잘게 썰고, 방울토마토와 바나나를 꺼냈다. 그러고는 우걱우걱 채소 샐러드를 씹었다. 옆에서 엄마는 잘근잘근 고기를 씹더니 국수 가락을 호로록 빨아들였다.

"그 학원은 언제까지 다니는 거야?"

할머니가 물었다. 세라는 작게 한숨을 뱉었다. 엔터 회사라고 몇 번을 말했는데, 할머니는 계속 그곳을 학원이라고 불렀다.

"학원 아니라니까요."

세라의 대꾸에 엄마가 뭐라고 한마디 하려다가 할머니 눈치를 힐끗 살피고는 고기를 입에 욱여넣었다. 들으나 마

나였다. 엄마는 '도대체 거기를 왜 그렇게 열심히 다니는 거니?'라고 말할 게 뻔했다. 이해할 수 없다는 듯 고개를 절레절레 흔들면서. 세라가 회사에 들어가고, 오디션을 보러 다니기 시작하면서부터 엄마는 늘 그랬다. 한순간도 세라를 이해하려 들지 않았다.

세라는 남은 채소를 입안에 쓸어 넣고 자리에서 일어섰다. 고기 냄새가 지나치리만큼 강하게 자극적이라 세라는 빨리 자리를 뜨고 싶었다. 몇 달간의 노력을 허투루 날릴 수는 없었다.

"진짜 도움 안 돼."

방으로 들어와 세라는 혼잣말을 뱉었다. 회사에 들어갈 때부터 예상한 일이기는 했지만 서운한 마음은 어쩔 수 없었다.

세라는 뾰로통한 채로 책상 앞에 앉았다. 무릎은 살짝 붙이고, 목과 허리는 곧게 펴고, 턱은 안으로 살짝 끌어당기고, 눈은 15도 높이로 치뜨기. 솔직히 오래 유지하기 어려운 자세지만 세라는 해내고 싶었다. 회사에서 가르쳐 준 것은 무엇이든 다.

세라는 자리에 앉아 스마트폰을 켰다. 실장님에게서는 여전히 연락이 없었다. 오늘은 아닌가 보다 생각하며 책을 꺼내는데 스마트폰이 울렸다.

 꺅! 언니! 나 됐어!

윤화의 메시지였다. 세라는 눈을 휘둥그레 뜨고 다시 한 번 메시지를 읽었다. 간결하지만 한껏 흥분된 메시지.

'이게 뭐지?'

세라는 약간 얼이 빠지는 듯한 느낌이 들었다.

 서해 역할, 내가 하게 됐어.

윤화가 다시 메시지를 보냈다. 세라가 어리둥절해 있는

걸 눈치챈 듯했다. 세라는 얼른 스마트폰을 들여다보며 답장을 보냈다.

 세라는 짧게 인사말을 남겼다. 윤화가 곧장 고맙다는 답을 보냈지만 세라는 스마트폰을 팽 뒤집어 버렸다. 기다림은 끝났다. 허무하게. 세라의 가슴속에서는 부글부글 용암이 끓어올랐다.

화가 점점 자란다

　월요일 아침이 되도록 세라의 일그러진 마음은 풀어지지 않았다. 이대로 얼굴이 굳어진 채로 교실에 가서 앉아 있으면 아이들이 눈을 휘둥그레 뜨고 무슨 일이 있느냐고 물을 텐데, 세라는 뭐라고 대답해야 할까 생각했다.
　'나 또 오디션에서 떨어졌어.'
　이렇게 말할 수는 없다. 세라는 가면을 뒤집어쓴 아이니까.
　신발장 위에 붙은 거울을 들여다보며 세라는 생긋 웃었다. 억지로라도 웃는 연습을 하고 집을 나서야 할 것 같았다. 할머니가 물끄러미 세라를 바라보다가 말을 붙였다.

"억지로 힘낼 필요 없어."

세라는 움찔 놀라더니 할머니를 향해 고개를 홱 돌렸다.

"억지로 힘내는 것처럼 보여요?"

세라의 물음에 할머니는 고개를 끄덕였다. 그러면서도 빙시레 지어 보이는 미소는 잃지 않았다.

"치."

세라는 할머니야말로 억지로 힘을 내는 것 같다고 말하려다가 그만뒀다. 할머니가 억지로 힘을 내고 있다면 그건 다 세라 탓일 것이다. 할머니는 늘 세라를 지켜보았다. 이렇다 저렇다 말을 늘어놓지도 않았다. 그게 세라는 편하면서도 불편했다. 알 수 없는 감정이었다.

"다녀오겠습니다."

인사를 남기고 집을 나섰다. 곧장 허리를 꼿꼿이 세우고 어깨를 쫙 폈다. 할머니는 억지로 힘을 낼 필요가 없다고 했지만, 세라는 그럴 수 없었다. 세라는 아이들 앞에서 당당한 모습만 보여 주고 싶었다. 실패한 모습, 허약한 모습, 나태한 모습, 무엇인가를 잃어버린 듯한 모습은 눈곱만큼도 보여 주고 싶지 않았다. 세라는 입꼬리까지 살짝 끌어올린 채 교문에 들어섰다.

"오디션은 잘 봤어?"

뒤에서 소율이가 큰 소리로 물었다. 세라는 눈을 크게 뜨고 소율이를 보았다.

"너 오디션 봐야 한다고, 지난 주에 훈이까지 불러서 연습했다면서?"

지난 금요일 오후, 세라는 같은 반 훈이를 불러서 오디션 연습을 하려 했다. 늘 생글생글 웃고 다니는 훈이가 시나리오 속 서해의 캐릭터와 똑 닮아서, 훈이와 연습하면 서해 역할을 따내는 데 유리할 것 같아서였다. 하지만 기대는 허무하게 무너졌다. 훈이는 서해의 마음을 깃털만큼도 이해하려 들지 않았다. 자신이 서해를 닮았다는 사실도 받아들이지 않았다.

세라는 오디션을 앞두고 훈이 때문에 귀한 시간을 낭비했다는 생각이 들었다. 순간 머릿속으로 화가 한 움큼 솟아올랐다. 오디션에서 떨어진 게 훈이 때문인 것 같았다. 하지만 티를 낼 수는 없었다. 세라는 오디션에서 떨어진 가엾은 아이가 되고 싶지 않았다.

"오디션 안 봤어."

세라는 교실로 들어서며 아무렇지 않은 척 툭 한마

디를 뱉었다. 소율이가 왜냐고 물었다.

"비중이 너무 작은 인물이라 회사에서 오디션을 안 보는 게 좋겠다고 했어."

세라는 최대한 얼굴을 부드럽게 펴고 친절하게 대꾸했다. 그제야 소율이가 고개를 끄덕이며 자세를 틀었다.

"너한테 어울리지도 않았어."

훈이의 목소리가 불쑥 끼어들었다. 그새 훈이가 소율이 옆으로 다가온 모양이었다. 소율이와 훈이는 세라네 학년에서 알아주는 단짝이었다.

"넌 서해 성격도 제대로 파악하지 못했잖아."

세라가 훈이에게 퉁바리를 놓았다. 그러면 훈이가 평소처럼 '아, 내가 그랬지.' 하며 히죽 웃어 보일 줄 알았다. 하지만 오늘은 달랐다.

"내가 집에 가서 곰곰이 생각해 봤거든? 그런데 너는 서해랑 완전히 다른 유형이야. 무엇보다 넌 서해처럼 아이들 주변에서 머무는 아이가 아니잖아. 너한테 어울리는 역할을 기다려 봐."

훈이의 목소리가 단단하게 울렸다. 이전에 알던 훈이가 아닌 것 같았다. 갑자기 목소리에 힘이 넘치고, 얼굴에 자신감이 흘렀다. 주말 사이에 무엇인가 좋은 일이 있었나 싶었다.

"너 오늘따라 왜 이렇게 파이팅이 넘치냐? 아침을 잘 먹고 나왔냐?"

예지가 세라 옆에서 훈이에게 물었다. 그나마 세라의 마음을 미루어 짐작해 주는 아이가 예지였다. 세라는 예지가 곁에 있어서 마음이 놓였다. 훈이는 절레절레 고개를 저었다. 그러고는 짐짓 의젓한 체 말을 붙였다.

"나는 엊그제의 훈이가 아니야. 파워 충전소에서……"

"야!"

소율이가 팔꿈치로 훈이를 찔렀다. 훈이는 소율이에게 찔린 팔뚝을 잡으며 입을 다물었다.

"야, 너 지금 뭐라고 그랬냐? 뭐? 파워 충전소?"

예지가 배를 잡고 깔깔거렸다. 소율이가 훈이에게 눈을 흘기며 조용히 하라고 입을 오물거렸다. 훈이는 멋쩍은 듯 뒷머리를 긁으며 자리로 돌아갔다. 그 모습은 예전 훈이와 다르지 않았다.

"너희는 뭐, 아직도 초등학교 2학년이냐? 파워 충전소가 뭐야, 유치하게! 파워레인저 짝퉁이냐?"

훈이가 자리로 돌아간 뒤에도 예지는 계속 깔깔거렸다. 예지는 월요일 아침부터 생기가 넘쳐흘렀다.

세라는 자리에 똑바로 앉아 허리를 폈다. 그런데 왠지 모르게 '파워 충전소'라는 단어가 머릿속에 맴돌았다.

한 달 전쯤인가. 세라는 파워 충전소라는 단어를 접한 적이 있었다. 소율이와 훈이가 건넨 초대장에서였다. 그 초대장에는 꼭 찾아오라는 말과 함께 '건강한 삶을 영위하는 데 꼭 필요한 파워를 연구하고 있는 과학자'라는 문구도 적혀 있었다. 장난스럽게 생각하고 넘겼는데, 소율이와 훈이는 여전히 그곳 사람들과 왕래하는 모양이었다. 슬그머니 궁금증이 일었지만 물어볼 수는 없었다. 그때 세라는 소율이와 훈이가 건넨 파워 충전소의 초대장을 차갑게 밀어 버렸다.

"넌 주말에 뭐 했어?"

예지가 세라에게로 얼굴을 바짝 들이밀었다.

"응? 뭐……."

세라는 달리 대꾸할 말을 찾지 못하고 어영부영 넘겼다. 파워 충전소를 생각하느라 머릿속이 부산해진 탓이었다. 야무지게 대꾸했어야 했는데 기회를 놓쳤다 싶었다.

"나는 캠핑 갔다 왔는데!"

예지가 생글거리며 세라를 보았다. 세라는 얼른 고개를 돌렸다. 예지의 입에서 캠핑 이야기가 나오면 여지없이 예지네 아빠 이야기가 끼어들었다. 예지가 주말마다 캠핑에 나서는 건 캠핑을 좋아하는 예지네 아빠 때문이었다. 세라는 예지네 아빠 이야기는 듣고 싶지 않았다.

"너 아침 독서 책은 다 읽었어?"

세라가 얼른 예지에게 물었다. 전파초등학교 6학년 1반에서는 등교 후 수업 시작 전까지 책 읽기를 진행했다. 책은 각자 읽고 싶은 것으로 고르되, 분량은 열 장 이상으로 정해져 있었다. 교실에 아무리 늦게 들어왔어도 하루에 열 장 이상은 꼭 읽어야 했다.

"아니, 아직. 글이 적은 책으로 다시 골라야겠어."

예지는 투덜거리며 자리로 돌아갔다. 그제야 세라는 길게 숨을 내쉬었다. 아무리 마음이 맞는 친구라도 거의 매주 다녀오는 캠핑 이야기를 일일이 듣고 있을 수는 없었다. 캠핑장의 분위기는 비슷비슷했고, 그곳에서 벌어지는 에피소드도 고만고만했다. 새로울 것도, 흥미로울 것도 없는 이야기에다 예지는 꼭 아빠의 이야기를 버무렸다. 세라는 예지가 아빠와 함께하는 이야기들이 편치 않았다. 티를 내지 않으려고 기를 써도 소용없었다.

'이래서 무슨 배우를 하겠다고!'

세라는 혼잣소리를 하며 스스로를 타박했다. 친구 한 명도 속아 넘기지 못하는 연기력으로 영화에 캐스팅되기를 바라다니, 욕심이 과했던 것 같았다.

'그래도 윤화는 됐는데…….'

윤화가 떠오르자 또 화가 솟았다. 세라는 머리를 세게 흔들었다. 화가 날 때는 조심해야 한다. 함부로 터뜨리다가는 관계 맺기가 힘들어질 테니까. 세라는 사람들과 불편한 관계를 만들고 싶지 않았다. 좋은 척 넘겨서 좋은 소리를 듣고 싶었다. 이유는 딱히 없었다. 세상에 듣기 좋은 소리를 싫어하는 사람은 없으니까.

세라는 아무렇지 않은 척 가면을 쓰고, 책을 펼쳤다. 오늘따라 수업 시작종이 더디게 울리는 것 같았다.

쉬는 시간에도 예지는 연신 세라를 찾아와 캠핑 이야기를 꺼냈다. 캠핑 이야기라고 해 봐야 90퍼센트는 아빠 이야기였다. 세라는 예지의 이야기를 한쪽 귀로 흘리며 적당히 반응을 보였다. 예지의 목소리도 시간이 갈수록 시큰둥해졌다.

점심으로 콤부차와 방울토마토를 먹은 뒤 세라는 책상을 정리했다. 비록 서해 역할은 윤화에게 넘어갔지만, 아직 끝난 건 아니었다. 세라는 다음 기회를 꼭 잡고 싶었다. 그러려면 회사에서 알려 준 것들을 허투루 넘길 수 없었다. 자세 바로 하기, 음식 조절하기, 표정 연습하기 그리고 곱

게 말하기. 아주 어렵지는 않았지만 그래도 신경이 쓰이는 것들이었다. 세라는 다시 신경을 곤두세우고 책상 앞에서 자세를 똑바로 잡았다. 책을 막 펼치려는데 복도가 시끌시끌했다. 그새 아이들이 점심을 먹고 교실로 돌아오는 모양이었다. 그래도 세라는 자세를 꼿꼿이 유지한 채 책으로 눈을 고정했다.

"임세라, 너 아빠 때문에 연기하려는 거야?"

지나가 세라의 곁으로 수선스럽게 다가왔다. 세라는 눈이 휘둥그레져 지나를 보았다. 지나의 뒤에 바짝 붙어 선 예지가 눈에 뜨였다.

"그게 무슨 소리야?"

세라의 목소리가 날카롭게 솟았다.

"아니, 예지가 그러던데……."

지나가 곤란한 듯 예지를 보았다. 예지 얼굴이 벌겠다.

"서예지! 너 무슨 소릴 한 거야?"

다른 아이들 앞에서 아빠 이야기를 꺼내다니! 세라는 불뚝불뚝 화가 치솟았다. 세라는 얼음처럼 차가운 얼굴로 예지를 보았다. 예지가 지나를 툭 치며 눈살을 찌푸렸다. 지나가 왜 그러느냐 묻는 듯 입을 오물거렸다.

"무슨 소릴 한 거냐고!"

세라가 빽 소리를 질렀다. 가면 따위는 잊어버렸다. 뒤늦게 교실에 들어서던 아이들이 놀란 얼굴로 세라를 보았다.

"내가 뭐, 없는 말 했냐?"

예지도 가슴을 쭉 펴며 세라에게 다가왔다. 세라는 아랫입술을 질끈 깨물었다. 예지만큼은 세라의 마음을 알고 있

다고 생각했다. 그래서 예지에게는 가끔씩 가면을 벗고 속을 드러내기도 했다. 그런데 잘못 생각했다. 애초에 가면은 절대로 벗으면 안 되는 거였다.

"너희 왜 그래? 무슨 일 있어?"

훈이가 예지와 세라 사이로 끼어들었다. 이럴 때 보면 훈이는 시나리오 속 서해랑 딱 닮았다. 눈치 없이 아이들 싸움에 끼어들어 양쪽의 핀잔을 온몸으로 받는 아이.

세라의 가슴이 뜨겁게 달아올랐다. 더는 아이들 사이에 섞여 있기 싫었다. 세라는 팽 하고 교실을 빠져나왔다. 숨이 막히도록 화가 치밀 때는 무엇을 어떻게 해야 하는지 아무도 가르쳐 주지 않았다. 결국 또 혼자 알아서 해야 하는 건가. 세라의 가슴에 훅 외로움이 끼쳤다.

윤화는 빛난다

회사에 갈 채비를 하는데 세라의 입에서 자꾸 한숨이 새어 나왔다. 엔터 회사에 다니기 시작한 지 벌써 다섯 달이 되어 가지만 오늘처럼 회사 가는 게 버겁기는 처음이었다.

세라가 다니고 있는 회사에는 청소년기의 배우 연습생이 네 명 있었다. 그중 중학생 두 명은 저녁 무렵에야 회사에 나왔고, 초등학생인 세라와 윤화는 매주 수요일과 금요일 오후 4시까지 회사에 갔다. 그곳에서 아이들은 두 시간가량 연기 수업을 들었다. 오디션이 있거나 특별한 일정이 있을 때는 요일과 시간에 관계없이 불려 나갔는데, 그때마다 세라와 윤화는 마치 한 세트처럼 함께했다. 나이가 엇비슷한 또래라서 그런 듯했다. 그런 이유로 세라는 일주일에 두 번 이상은 윤화를 꼭 만났다.

"오늘 하루 쉴래?"

맥없이 왔다 갔다 하는 세라를 보며 할머니가 말을 붙였다. 세라는 고개를 저었다. 약속은 무슨 일이 있어도 지키고 싶었다. 그래야 한다고 배웠다.

세라는 버스에 지하철까지 갈아타며 회사에 도착했다. 텅 빈 연습실에서 실장님이 무표정한 얼굴로 세라를 맞았다. 잠시 뒤, 복도가 시끌벅적해지더니 윤화가 연습실로 들어섰다.

"윤화 왔니?"

실장님이 환한 얼굴로 윤화를 맞았다. 그러고는 더 환한 목소리로 축하 인사를 건넸다.

"연습생 시작하고 다섯 달 만에 데뷔하는 건 보통 사람이 할 수 있는 일이 아니야."

실장님이 활짝 웃으며 윤화를 보았다. 윤화는 알고 있다며 고개를 주억거렸다.

"이게 어떻게 된 일인지 모르겠어요. 너무 신나요!"

윤화의 목소리가 하늘하늘 떠올랐다. 신이 나서 주체할 수 없는 아이 같았다. 옆에서 세라는 옅게 미소만 지어 보였다.

"나는 윤화가 될 줄 오디션장에서 바로 알았는데?"

실장님이 윤화를 보며 눈웃음을 쳤다. 세라는 눈을 크게 뜨고 실장님을 보았다. 지난 일요일, 세라의 메시지에 아무런 대꾸가 없던 그 사람이 맞나 싶었다. 실장님은 윤화에게 말할 수 없이 다정하고 친근했다. 세라의 마음에 삐죽 가시가 돋았다. 누군가에게 관심을 빼앗긴다는 건 기분 나쁜 경험이었다.

"우아, 진짜요? 어떻게 아셨어요?"

윤화가 목청을 높이며 설레발을 떨었다.

"분위기 보면 딱 알지. 오디션 경험이 몇 번인데."

실장님은 대수롭지 않은 듯 싱글거렸다. 세라는 그날의 분위기를 다시 한번 떠올렸다. 그날, 그곳은 세라에게 관심이 집중된 분위기였다. 윤화는 그림자처럼 존재감이 없었다. 그런데 실장님은 다르게 본 듯했다. 세라는 손을 반짝 들어 올렸다.

"거기 분위기가 어땠는데요?"

세라는 순간 실장님이 눈살을 찌푸리는 듯한 느낌을 받았다. 실장님은 분위기는 느끼는 거라며 그걸 일일이 말로 설명할 수는 없다고 했다.

"세라야, 너는 이게 문제야. 사사건건 이유를 따지고 드는 거."

실장님은 노골적으로 세라에게 불만을 드러냈다. 세라의 가슴에 쿵 하고 돌덩이가 내려앉았다. 누군가의 눈 밖에 나는 일은 결코 좋은 느낌이 아니었다. 세라는 고개를 푹 숙였다. 순식간에 머릿속에 온갖 물음표가 떠올랐다.

'내가 뭘 잘못했나? 뭐지?'

실장님은 평소 연기 지도는 물론, 오디션이 있을 때 인물에 대한 해석부터 오디션 잘 보는 요령 등을 일일이 짚어 주었다. 그뿐만 아니라 오디션 볼 기회를 잡아 주는 것도 실장님의 몫이었다. 그만큼 세라에게는 중요한 인물이었다. 그런데 실장님은 지금 온몸으로 세라에게 불편한 마음을 전했다. 이건 풀어야 하는 문제였다. 세라는 욱하는 마음을 가라앉히고 실장님을 바라보았다.

"내가 시나리오 주면서 말했잖아. 서해는 자기 색깔이 없는 애라고. 친구 따라 이리저리 팔랑거리면서 친구들 옆

에 붙어 있는 걸 좋아하는 애였어."

실장님의 목소리가 다시 차분해졌다. 세라는 열심히 실장님과 눈을 맞추며 실장님의 말을 들었다.

"그런데 세라는 오디션장에서 그냥 세라였잖아. 한순간도 서해인 적이 없어."

순간 세라의 머릿속에 훈이의 말이 떠올랐다.

'너한테 어울리지도 않았어.'

그러면서 훈이는 말했다. 세라에게 어울리는 역할을 기다리라고.

'난 빨리 데뷔하고 싶어. 나한테 어울리는 역할이 올 때까지 기다릴 수 없다고.'

세라는 있지도 않은 훈이를 향해 머릿속으로 대꾸했다.

"윤화는 그 자리에 있는 듯 없는 듯 세라랑 오디션 심사위원들만 계속 쳐다보고 있었어. 그 모습이 딱 서해였지. 감독님이랑 작가님은 윤화의 그 모습을 본 거야."

"아……."

오디션장에서는 오디션이 끝나는 순간까지 그 역할에 몰입해 있어야 했다. 그걸 까먹고 세라는 대본 낭독이 끝난 뒤로는 서해가 아닌 세라가 되었다. 세라는 아차, 싶었다.

"전 할 말이 없어서 가만히 있었던 건데!"

윤화가 해죽 웃었다. 실장님이 고개를 절레절레 저었다. 그러고는 감독님 앞에 가면 절대로 그렇게 말하지 말라고 했다.

"모든 것이 연기였다고 해야 해. 그런 줄 알고 널 뽑은 거니까."

실장님의 지적에도 윤화는 연신 해죽거렸다. 얼핏 윤화에게서 훈이의 모습이 스쳤고 서해 역할은 처음부터 윤화의 것이었다는 생각까지 들었다. 서운할 것도, 화날 것도 없는 일이었다. 일요일 저녁 이후로 불뚝거리던 마음이 조금 차분해지는 듯했다. 그래도 기운은 빠졌다.

"배우에게는 멘탈 관리가 정말 중요해."

실장님은 곧장 수업을 시작했다.

"멘탈은 우리의 생각이나 감정, 에너지를 조절해서 우리 안에 있는 힘을 최대한 이끌어 내는 힘을 말해. 너희, '멘탈이 강하다'라는 말 들어 봤지?"

실장님은 멘탈을 설명하면서 세계적인 스포츠 선수의 이름들을 나열했다. 그리고 그들이 세계적으로 이름을 떨칠 수 있었던 것은 아무리 어렵고 힘든 상황에서도 좌절하거나 포기하지 않고 끊임없이 도전해 성공을 이루었기 때문이라고 했다.

세라는 손을 들고 질문하고 싶었다. 세라가 생각하기에 스포츠 선수와 배우는 조금 달랐다. 배우는 데뷔를 하고 연기를 지속할 수 있다면 신체적으로나 정신적으로 몹시 어렵거나 힘들지는 않을 것 같았다. 배우는 배역에 따라 각기 다른 인물을 연기할 뿐, 스포츠처럼 절대적으로 경쟁에 내몰리지는 않을 거라고 생각했다. 하지만 세라는 질문할 수 없었다. 알 수 없는 어떤 마음이 세라의 입을 세게 막고 있는 듯했다.

"배우의 경우에는 말이야……."

다행스럽게도 실장님은 세라가 궁금해하는 포인트를 잡아냈다.

"어떤 상황에서든 자기가 맡은 배역의 감정과 상황에 충실해야 해. 주위 사람들의 말이나 환경에 이리저리 휘둘리면 안 된단 말이지. 그걸 오디션장에서 윤화가 해낸 거야."

실장님이 말을 마치자 윤화는 활짝 웃으며 뒷머리를 긁적거렸다. 그러더니 실은 아무런 생각이 없었다고 털어놓았다.

세라는 아랫입술에 힘을 넣었다. 주위 사람들의 말이나 환경에 휘둘리지 않는 게 멘탈 관리라면, 세라는 자신 있었다. 학교에서도 회사에서도 늘 가면을 쓰고 있으니까. 항상 꼿꼿하고 단정하게, 부러운 거라고는 손톱만큼도 없는 것처럼 자신만만하게, 누구보다 친절하게. 가면이 있는 한 무엇에도 흔들리지 않을 자신이 있었다. 그러다가 문득 지난 며칠의 시간이 떠올랐다.

'너 아빠 때문에 연기하려는 거야?'

지나의 목소리가 울렸다. 그 뒤에 서 있던 예지의 얼굴도 떠올랐다. 세라는 다시 얼굴이 붉어지고 화가 치밀었다. 그때 세라의 가면은 벗겨지고 말았다. 사정없이 세라의 멘탈이 흔들렸다.

"후!"

세라는 눈을 감고 깊게 숨을 들이마셨다가 뱉어 냈다. 가면이 필요했다. 어떤 상황에서도 벗겨지지 않을 아주 튼튼한 가면이.

어김없이 두 시간에 걸쳐서 수업이 진행됐다. 수업 교재는 윤화의 촬영용 시나리오였다. 실장님은 세라와 윤화에게 서해의 캐릭터를 분석하고 발표하라고 했다. 윤화는 여

전히 멀뚱멀뚱 잘 모르겠다는 표정을 지었고, 세라는 열심히 시나리오를 읽고, 서해의 캐릭터를 살폈다. 그리고 야무지게 발표했다. 지금은 서해가 아닌 세라 역할이니까 야무져야 했다.

"와, 언니는 진짜 잘 안다!"

윤화가 감탄했다. 그러더니 아무래도 자기는 제대로 못할 것 같다며 겁먹은 표정을 지었다.

"걱정하지 마, 윤화야. 넌 잘할 거야!"

실장님이 윤화에게 격려를 보내며 한마디를 덧붙였다.

"윤화는 엄마랑 아빠도 열심히 응원해 주시잖아."

순간 세라는 얼른 얼굴을 돌렸다. 붉게 달아오른 얼굴을 들키고 싶지 않아서였다.

"아, 오늘 엄마가 실장님 뵈러 오신댔는데!"

윤화가 날아갈 듯 가벼운 목소리로 말했다. 실장님이 무슨 일로 오시느냐고 물었다.

"저 캐스팅됐다고요, 인사하러 오신대요."

윤화가 부끄러운 듯 다소곳하게 말했다. 실장님은 곧장 엄지손가락을 세웠다. 그러고는 큰 소리로 말했다.

"부모님이 이렇게 관심을 기울이고 정성을 들이니까 캐

스팅도 빨리 된 거야."

세라의 눈길이 바닥으로 떨어졌다. 아무렇지 않은 척 당당해지고 싶은데 그럴 수가 없었다.

세라의 엄마는 세라가 회사에 처음 들어올 때 딱 한 번, 회사를 찾은 게 다였다. 세라가 조르고 졸라서 겨우 성사된 방문이었다.

"아이가 원하니까 허락은 하는데요, 저는 아무것도 해 줄 수 없어요."

계약서에 사인하고 난 뒤, 엄마는 마주 앉아 있는 팀장님에게 단호하게 말했다. 세라에게 선언하는 다짐 같기도 했다. 팀장님은 어머니가 할 일은 없다며 껄껄 웃었다. 그러고는 세라가 잘 적응할 수 있도록 회사에서 신경을 쓰겠다고 했다.

엄마와 팀장님 사이에 오간 약속은 매우 잘 지켜졌다. 엄마는 그 뒤로 단 한 번도 회사에 찾아온 적이 없었다. 팀장님 또한 세라의 엄마를 찾지 않았다. 그래서 세라는

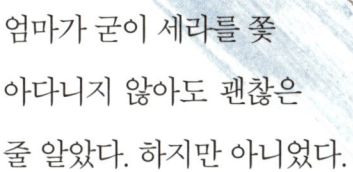

  엄마가 굳이 세라를 쫓
아다니지 않아도 괜찮은
줄 알았다. 하지만 아니었다.
  윤화의 엄마는 수시로 회사에 왔다. 그리고 윤화가 오디션을 보러 갈 때나 프로필 사진을 찍을 때도 늘 윤화와 함께했다. 윤화 엄마가 차를 가지고 따라다니자 실장님은 가끔씩 윤화 엄마에게 윤화와 세라의 이동을 부탁하기도 했다. 윤화 엄마는 선선하게 실장님의 부탁을 받아들였다. 지난 토요일, 오디션장에 갈 때도 마찬가지였다. 윤화 엄마는 오디션이 끝나기가 무섭게 음료수 세트를 오디션장으로 들여보냈다.
  세라가 불편한 속을 다독이며 앉아 있는 사이, 수업이 끝났다. 그리고 강습실 뒷문이 열리며 윤화 엄마가 들어왔다.
  "실장님!"
  윤화 엄마는 콧소리를 팡팡 섞어 가며 실장님에게 인사를 건넸다. 그러고는 허리를 깊숙이 숙이며 실장님과 손을 맞잡았다. 윤화도 자리에서 발딱 일어나 자기 엄마 곁으로 다가갔다. 싱글벙글 웃는 얼굴에서 반짝반짝 빛이 났다.

"다 실장님 덕분이에요."

윤화 엄마가 호호거렸다. 그러고는 먹을 것을 챙겨 왔다며 로비로 나가자고 했다.

"언니, 언니도 같이 가자."

윤화가 세라의 팔을 잡았다. 가방을 챙기다 말고 세라는 윤화를 보며 삐죽 웃었다.

"그래, 세라야. 너도 애썼는데 같이 먹고 가자."

윤화 엄마까지 나섰다. 세라는 가방을 어깨에 두르고 윤화와 함께 강습실에서 나왔다. 자그마한 회사 로비에 먹음직스러운 뷔페가 차려져 있었다. 뒤늦게 강습실을 나선 실장님은 물론, 세라 엄마에게 전혀 신경 쓰지 않아도 된다고 장담했던 팀장님 그리고 회사 직원 몇몇까지 한껏 신난 얼굴로 뷔페 차림 앞으로 다가왔다.

"이거, 윤화가 데뷔 턱 내는 거야?"

팀장님이 윤화를 보며 큰 소리를 냈다. 윤화는 생긋 웃었고, 회사 직원들은 손뼉을 치며 환호를 보냈다.

"모두 여기 계신 분들 덕분이에요. 앞으로도 잘 부탁드려요."

윤화 엄마가 회사 직원들을 향해 눈인사했다. 작은 로비에 박수 소리가 요란하게 울렸다. 세라도 사람들 곁에서 짝짝 손뼉을 쳤다. 하지만 얼굴은 자꾸만 굳는 듯했다. 마음이 무거워지는 탓이었다. 멘탈을 잘 관리해야 한다고 했는데, 그건 무척 어려운 일인 듯했다. 사람들 사이에서 쭈그러지는 마음을 감추고 아무렇지 않은 척하기는 쉽지 않았다.

버티고 버텨도

알람이 울리기도 전에 세라는 눈을 떴다. 또 아침이 시작됐다. 또 학교에 가야 했고, 또 예지를 봐야 했다. 세라는 가슴이 답답했다.

그날 이후로 예지는 세라를 보고도 못 본 척 따돌렸다. 지금까지 한 번도 당해 본 적 없는 일이었다. 예지와 서먹해지자 다른 아이들도 세라를 어색하게 대했다. 세라는 자신이 아이들의 중심에 있다고 생각해 왔다. 그런데 이제 보니 예지가 세라를 아이들의 중심에 세워 줬던 듯했다. 세라는 마음이 와장창 깨지는 기분이었고, 그래서 내내 언짢았다.

"학교에서 무슨 일 있었어?"

학교 갈 채비를 하는데 할머니가 세라의 뒤를 졸졸 따라다니며 말을 걸었다. 세라는 퉁명스럽게 아니라고 대꾸했다. 그래도 할머니가 자신의 기분을 아는 체해 주는 게 싫지만은 않았다.

"오늘은 통 기운이 없네."

집을 나와 터덜터덜 학교로 향하는데 누군가의 목소리가 세라의 신경을 세웠다. 세라는 고개를 들어 주위를 살폈다. 흰 머리가 팔랑거리는 할아버지가 세라를 보며 벙싯 웃었다. 옆에는 까만 머리를 올려 묶은 할머니가 날카로운 눈빛으로 세라를 살폈다. 세라는 다시 학교를 향해 몸을 돌렸다. 낯선 사람들이었다. 자신에게 건네는 말이 아닐 거라 생각했다.

"늘 걸음에 힘이 넘치더니 말이야."

등 뒤에서 할아버지가 또 말을 붙였다.

"자세도 항상 꼿꼿했지."

이번에는 할머니의 목소리도 들렸다.

"두 분, 저 아세요?"

세라가 물었다. 할아버지와 할머니는 동시에 고개를 끄덕였다.

"너도 파워 충전소라고 들어 봤지?"

할아버지가 물었다. 순간 세라의 머릿속에 초대장과 소율이 그리고 훈이의 모습이 떠올랐다. 하지만 굳이 아는 체하고 싶지 않았다.

"모르는데요."

세라는 쌀쌀맞게 대꾸하고는 다시 학교로 향했다. 허리는 꼿꼿

이 세우고 걸음에도 바짝 힘을 넣었다. 남들 눈에 기운 빠진 아이로 비치고 싶지 않았다. 반 친구들에게도 마찬가지였다.

예지는 오늘도 세라를 찾아오지 않았다. 예지가 없어서인지 지나도 세라에게 오지 않았다. 세라의 마음에 실금이 생긴 듯했다. 그러다가 실금이 커지면 와르르 무너질지도 몰랐다. 세라는 그러면 안 된다고 생각했다.

"음악실에 같이 가자."

2교시 수업이 끝나고, 소율이가 말을 붙였다. 세라는 반가워서 하마터면 소율이를 보며 활짝 웃을 뻔했다. 하지만 아무렇지 않은 척 고개를 들었다. 그러고는 소율이와 발을 맞추며 교실을 나섰다. 소율이 옆으로 훈이가 따라붙었다.

"예지랑 싸웠어?"

훈이가 물었다. 소율이가 훈이를 흘겨보았다. 소율이는 세라의 마음을 아는 것 같았다. 요 며칠 몹시 곤란하고 외롭고 힘들다는 것을. 마음을 읽히는 건 세라에게 반가운 일이 아니다.

"싸운 거 아니야."

세라가 대꾸했다.

"그런데 요새 왜 예지랑 안 다녀?"

"모르지."

이유는 세라도 몰랐다. 아니, 알고는 있었다. 예지도 분명히 알고 있을 것이다. 그런데 예지가 아는 체를 하지 않았다. 그래서 세라도 아는 체하고 싶지 않았다.

"사람이 지내다 보면 같이 다닐 때도 있고 아닐 때도 있는 거지."

소율이가 점잖게 말했다.

"야, 너랑 나랑은 안 그러잖아."

훈이가 목청을 높였다. 꼭 세라를 놀리는 것 같았다.

"지난번 수행 평가 끝난 날, 약속 있다고 휙 사라진 사람이 누구더라? 기억 안 나?"

소율이가 사납게 두 눈을 치뜨며 훈이를 보았다. 훈이는 민망한 듯 세라를 흘깃 쳐다보았다. 그러고는 한껏 풀 죽은 목소리로 말했다.

"가끔은 혼자 다니고 싶을 때도 있는 거지!"

훈이가 고개를 주억거리더니 곧장 딴소리를 뱉었다.

"너 국어 수행 평가는 잘 봤냐?"

어제 국어 수행 평가를 치를 때, 세라는 하필 머릿속이 뱅글뱅글 어지러워 잘 보지 못했다. 세라는 새침한 얼굴로 고개를 저었다. 훈이가 이를 드러내며 활짝 웃었다.

"나도 분명히 초반에는 술술 잘 풀었는데, 선생님이 5분 남았다 하는 순간부터 마음이 급해져서……."

훈이는 못내 아쉬운 듯 입을 불뚝 내밀었다.

"쯧쯧, 너는 브레인 파워까지 충전한 애가 시간 조절도 제대로 못 했냐?"

소율이가 낯선 단어를 꺼냈다. 브레인 파워. 그게 무엇일까? 세라는 눈을 반짝이며 소율이를 보았다. 그때 입을 연 쪽은 훈이였다.

"그러니까 말이야. 분명히 깊게 생각하고, 집중하고, 오래오래 생각하는 힘이 길러질 거라고 했는데……."

"누가?"

궁금한 걸 참지 못하고, 세라가 물었다. 그제야 소율이와 훈이는 입을 다물었다. 둘은 옆에 세라가 있다는 걸 깜빡한 눈치였다.

"파워 충전소?"

하는 수 없이 세라가 아는 체를 했다. 그러자 소율이가 배시시 웃으며 입을 열었다.

"맞다, 너도 알고 있지?"

"초대장!"

훈이도 아는 체를 했다. 그러고는 주위를 홰홰 살피고 마치 비밀 이야기라도 전하듯 목소리를 낮추며 말했다.

"나, 파워 충전소에서 브레인 파워를 충전받았어. 물론 그걸 받았다고 해서, 내 머리가 당장 아주 좋아진 건 아니야. 훈련이 필요해."

세라는 눈썹을 찡그리고 훈이를 보았다. 뚱딴지 같은 소리였다. 뭐라고 한마디 쏘아 줄까 했는데 음악실은 코앞에 있었고, 때를 맞춘 듯이 수업 시작종이 울렸다. 세라는 일단 음악실로 들어갔다. 음악실에는 장구가 빙 둘러 놓여 있었다. 지난주부터 음악 수업은 장구와 함께 진행됐다.

덩 기덕 쿵 더러러러 쿵 기덕 쿵 더러러러.

음악 선생님은 굿거리장단을 두드린 다음, 아이들에게 쳐 보라고 했다. 아이들은 신바람이 나서 왁자지껄하게 장구를 두드렸다. 몇몇 아이들은 장구채를 쥐고 장난을 쳤다.

"다음 주에 수행 평가 볼 거예요. 정신 똑바로 차리고 연습하세요."

음악 선생님이 목청을 높였다. 순간 음악실에 딸꾹질 소리가 '딸꾹딸꾹' 울렸다. 동시에 아이들의 눈길이 훈이에게로 향했다. 훈이는 얼굴을 붉히며 손으로 입을 가렸다. 그래도 훈이의 딸꾹질은 멈추지 않았다.

"와하하하!"

아이들이 훈이를 쳐다보며 웃음을 터뜨렸다. 선생님도 얼굴에 미소를 담은 채 훈이에게 물었다.

"훈아, 긴장돼서 그래?"

훈이는 고개를 푹 숙였다. 선생님이 말을 이었다.

"그냥 편하게 생각해. 그래야 더 잘할 수 있어."

순간 세라의 머릿속에 오디션장이 떠올랐다. 오디션장에서 세라는 늘 긴장했다. 잘하고 싶어서 온몸에 힘을 싣고, 최대한 눈을 반짝이며 앞에 있는 감독님이나 스태프들을 바라보았다. 그런데 윤화는 달랐다. 평소처럼 두 눈을 슴벅이며 사람들을 둘러보고 해죽거렸다. 때로는 생각을 하느라 말을 더듬기도 했다. 그런 윤화가 세라보다 먼저 캐스팅이 되었다. 긴장하지 않은 윤화의 모습이 편안해 보여서 일찍 캐스팅된 건 아닐까 싶었다. 그렇다면 세라도 긴장을 풀어야 했다. 언제, 어디에서건.

"이제 한 사람씩 돌아가면서 쳐 보자."

선생님의 목소리에 세라는 머리를 홰홰 저었다. 수업에 집중해야 했다.

아이들은 선생님의 지도에 따라 한 명씩 돌아가면서 장구를 두드렸다. 세라도 허리를 곧추세우고 앉아 장구를 쳤다. 선생님이 자세가 좋다며 세라를 칭찬했다. 차례는 훈이에게로 넘어갔다.

"으으윽!"

훈이가 괴상한 소리를 냈다. 아이들은 또 으하하 웃음을 터뜨렸다. 세라는 훈이를 물끄러미 바라보았다. 왜 저렇게 긴장을 하나 싶었다.

"황보훈, 멘탈 좀 잡아!"

보다 못해 승혁이가 소리를 질렀다. 승혁이는 언제, 어디에서든 항상 당당했다. 그런 모습이 세라 눈에는 늘 좋아 보였다. 그런데 오늘은 조금 달랐다. 잔뜩 긴장하고 있는 훈이가 안쓰러웠다. 잘하고 싶어서 애쓰는 모습이 꼭 자기를 보는 것만 같았다. 얕게 한숨이 터졌다. 세라는 유달리 '멘탈'이라는 단어가 귀에 박혔다. 어제 실장님도 했던 말이었다.

훈이는 주먹 쥔 손을 흔들어 보이고는 장구를 두드렸다.

온몸에 바짝 힘이 들어간 채 연주하는 모습이 마치 삐걱거리는 기계 같았다. 선생님은 훈이에게 기운을 빼 보라는 말을 다시 한번 건넸다. 연주를 마치고 훈이는 크게 숨을 내쉬었다. 소율이가 훈이를 보며 생긋 웃었다. 훈이도 마음이 놓이는 듯 싱글거렸다. 서로를 챙기는 둘의 모습이 편안해 보였다. 세라의 마음속에서 부러움이 꿈틀거렸다.

수업이 끝나고, 아이들이 우르르 음악실을 빠져나가는데 뒤에서 누군가가 달려오며 세라와 세게 부딪혔다. 그러는 바람에 세라는 바닥에 무릎을 찧으며 엎어졌다. 들고 있던 음악책과 필통도 바닥을 굴렀다.

"어머……."

까르르거리며 달려오다 세라와 부딪힌 아이는 예지였다. 지나, 언주랑 장난을 치며 음악실을 빠져나가던 참이었다. 세라 눈에 왈칵 눈물이 고였다. 세라는 당황스러워 얼른 고개를 돌렸다. 소율이가 세라의 음악책과 필통을 집어 줬다. 세라는 음악책과 필통을 받아 들고 자리에서 일어났다.

"넌 세라한테 사과도 안 하냐?"

소율이가 예지에게 따졌다.

"너랑 부딪힌 것도 아니잖아."

예지가 밉살스럽게 말했다. 세라는 화가 치밀어 매섭게 몸을 돌려 예지를 보았다.

"너 진짜 왜 이래?"

"내가 뭘?"

예지도 사나운 얼굴로 세라에게 따졌다. 세라는 아랫입술을 질끈 깨물고, 두 눈을 부릅떴다. 절대로 예지한테 밀리고 싶지 않았다.

"너 나한테 말도 안 붙이고…… 못 본 척하잖아!"

세라가 말을 마치기 무섭게 예지가 콧방귀를 뀌었다. 지나와 언주가 다가와 세라와 예지를 얼렀다.

"너희, 왜 이래."

"그냥 전처럼 지내자, 응?"

세라는 눈 한번 깜빡하지 않고 예지를 쳐다보았다. 예지가 물러나지 않으면 꼼짝하지 않을 기세였다.

"치!"

예지가 또 콧방귀를 뀌더니, 세라를 쳐다보았다.

"난 네가 왜 이러는지 알아!"

"뭐라고?"

"네가 왜 이렇게 뾰족하게 구는지 안다고!"

예지가 선언하듯 또박또박 말했다. 세라는 잠자코 예지를 바라보았다. 예지가 다시 말했다.

"너, 아빠 때문이잖아!"

예지가 또 아빠 이야기를 꺼냈다. 더는 듣고 싶지 않았다. 세라는 교실을 향해 성큼 걸음을 디뎠다. 등 뒤에서 예지가 말했다.

"너, 작년 이맘때도 이랬어. 이맘때면 뾰족해진다고!"

저건 또 무슨 소리일까, 걸음을 옮기며 세라는 생각했다. 그러다 눈물이 뚝 떨어졌다. 예지에게 정곡을 찔려 버렸다. 버티고 있는데 버티기가 쉽지만은 않았다.

할머니의 손님

 점심을 먹고 예지는 세라를 찾아왔다. 그러고는 빤히 세라를 쳐다보았다.
 "왜?"
 세라가 퉁명스레 물었다. 예지는 훅 한숨을 쉬더니 자리로 돌아갔다. 예지가 앉았던 자리에 지나가 자리를 잡았다.
 "너희 뭐 해?"
 세라는 아이들이 번갈아 가며 자기를 지켜보는 게 거슬려 뾰족하게 날을 세웠다. 지나가 눈썹을 찡그리며 몸을 뒤로 뺐다. 그러고는 왜 그렇게 사납게 구느냐며 툴툴댔다.

세라는 입을 꾹 다물었다. 친구들에게 발톱을 세운 사자가 되고 싶지는 않았다.

"예지가 작년 이맘때도 너 때문에 힘들었대."

지나가 말했다. 세라는 눈을 동그랗게 뜨고 지나를 보았다. 무슨 말인가 싶었다.

"너, 작년에도 이맘때 굉장히 예민했다던데?"

지나의 말에 세라는 고개를 돌려 예지를 보았다. 예지는 햇볕이 잘 드는 창가에 앉아 언주랑 스마트폰을 들여다보며 낄낄거리고 있었다. 세라가 지나에게 물었다.

"내가 이맘때 왜?"

세라는 예지가 왜 그렇게 느꼈는지가 아니라 그렇게 느낀 이유를 지나와 언주에게 이야기했을지가 궁금했다. 지나는 고개를 저었다.

"몰라. 그냥 다음 주쯤이면 괜찮아질 거라는데, 진짜야?"

세라는 고개를 푹 숙였다. 작년에 예지가 힘들었다는 말 그리고 다음 주면 괜찮아질 거라는 말이 세라의 가슴을 마구 두드려 댔다. 그래서인지 얼굴도 붉어지는 듯했다.

"일단 기다려 볼게."

지나가 말을 마치고 자리에서 일어섰다. 그러도록 세라는 고개를 푹 숙인 채 책상 위에 펼쳐 둔 책만 내려다보았다.

"무슨 일 있어?"

대각선 뒷자리에 앉아 있던 소율이가 물었다. 세라는 세게 도리질했다. 반 아이들에게 자신의 감정을 있는 대로 들키고 있다는 게 창피했다.

세라는 스스로를 누구보다 강하다고 생각했다. 그런 세라가 흔들리고 있었다. 어쩌면 예지 말대로 '이맘때'이기 때문일지도 몰랐다.

세라 마음에 자꾸 물이 차오르고 감정이 걷잡을 수 없이 휘몰아쳤다. 마음속에서 무엇인가가 중심을 잃고 마구 흔들리고 있었다. 세라는 문득 실장님이 이야기한 멘탈이 떠올랐다. 이런 멘탈로는 멋진 배우가 되기 어려울 것 같았다. 생각할수록 물기를 머금은 마음이 더욱 어지럽게 가라앉았다.

오후 수업까지 근근이 마치고 세라는 도망치듯 교실을 빠져나왔다. 예지를 대신해서인지 지나와 언주가 세라를 찾아와 종일 말을 붙였지만, 세라는 마음이 편안하지 않았다. 아이들이 자기의 마음을 살펴 주는 것 같았고, 그래서 더 싫었다. 빨리 도망치고 싶었다.

도어락의 숫자를 누르고 현관문을 여는데, 출입구에 낯선 신발들이 보였다.

"아이고, 우리 공주님 왔어?"

할머니가 가벼운 목소리로 세라를 반기며 현관으로 나섰다.

"누구 오셨어요?"

세라가 묻는데, 할머니 뒤로 하얀 머리카락을 휘날리는 할아버지와 검정 올림머리 할머니가 모습을 드러냈다. 파워 충전소 소장이라는 사람들이었다. 세라는 눈을 휘둥그레 뜨고 현관 앞에 우뚝 섰다.

"왜 그러고 서 있어? 얼른 들어와서 인사해. 이쪽은 아주 유명한 과학자 분들이셔. 세상에, 이런 분들이 우리 동네에 계시다니."

할머니의 목소리는 한껏 들떠 있었다. 금방이라도 둥실둥실 날아오를 것만 같았다. 세라는 떨떠름한 표정으로 거실에 들어섰다.

"우리, 아침에도 만났지?"

할아버지가 벙글거리며 목청을 높였다.

"아유, 우리 공주를 아침에도 보셨어요?"

할머니가 파워 충전소 할아버지에게 말했다. 파워 충전소 할머니가 싱긋 웃으며 세라를 뚫어져라 보았다. 마치 세라의 속을 꿰뚫어 보려는 듯했다. 세라는 쌩하니 방으로 들어갔다.

"아이고, 왜 인사도 않고……."

문 밖에서 할머니의 혀 차는 소리가 들렸다.

"잠깐 들여다봐도 될까요?"

파워 충전소 할머니의 목소리였다. 뭘 들여다본다는 걸까 궁금해하던 찰나, "똑똑" 방문을 두드리는 소리가 났다.

"왜요?"

세라가 반응하기 무섭게 방문이 열렸다. 그리고 세라의 할머니가 삐죽 얼굴을 들이밀었다.

"우리 공주, 학교에서 무슨 일 있었어?"

말을 붙이며 할머니가 방으로 들어왔다. 그 뒤로 파워 충전소 할머니도 따라 들어왔다.

"아무 일도 없었어요."

세라가 차갑게 말했다. 그리고 파워 충전소 할머니에게로 눈길을 옮겼다.

"할머니는 무슨 일이세요?"

"그냥 세라가 어떻게 지내나 궁금해서……."

말을 뱉으며 파워 충전소 할머니는 세라의 방을 슬며시 훑었다. 세라는 기분이 나빴다.

"그만 나가 주실래요?"

세라는 생각을 거침없이 뱉어 냈다.

"에이치를 좋아하나 보구나."

파워 충전소 할머니가 세라의 침대 머리맡에 붙은 사진을 바라보았다. 거기에는 국민 가수이자 마니아층의 전폭적인 지지를 얻고 있는 배우, 에이치의 사진이 있었다. 세라가 엔터 회사의 연습생이 되면서부터 붙여 놓은 거였다. 세라는 고교생 가수이자 배우인 에이치처럼 되고 싶었다. 하지만 낯선 할머니에게 자신의 꿈을 드러내고 싶지는 않았다. 그럴 필요도 없었다.

"아실 필요 없잖아요!"

세라는 불편한 기색을 감추지 않았다. 파워 충전소 할머니가 고개를 끄덕였다. 그러고는 세라를 바라보며 차분하게 말했다.

"에이치도 처음에는 우리를 경계했단다. 하지만 곧 우리의 뜻에 따라 줬지. 에이치가 뛰어난 가수이자 배우로 성공

한 바탕에는 우리의 기운도 적지 않게 작용했을 거야."

세라는 순간, 어느 잡지에서 읽었던 에이치의 인터뷰 내용이 생각났다.

제 마음처럼 일이 풀리지 않아 굉장히 고단하고 힘들었던 때가 있었어요. 그때 어느 할아버지랑 할머니를 만나게 됐는데, 그분들은 제 이야기를 들으신 후 제 문제점을 하나하나 짚어 주시고 바로잡아 주셨어요. 아마 그때부터 제 몸과 마음에 힘이 생긴 것 같아요.

그때 에이치는 그 할아버지와 할머니에게 매우 감사하다고 했다. 지금 집에 와 있는 저 노부부가 에이치가 말한 그분들일까. 세라는 믿을 수 없었다. 그저 두 눈을 크게 뜨고 파워 충전소 할머니만 멀뚱멀뚱 바라보았다.

"마음을 단단히 세워야 몸도 단단하게 세울 수 있단다. 마음도 없이 몸만 기를 쓰고 바로잡아 봤자 속 빈 쭉정이라 작은 바람에도 금방 꺾이고 말지."

파워 충전소 할머니는 마치 세라의 모든 것을 알고 있는 양 말했다. 옆에서 세라의 할머니는 걱정이 가득한 얼굴로 세라를 바라보았다.

"마음을 세우는 첫 번째 작업은 자기애란다. 스스로를 들들 볶지 말고, 갉아먹지도 말고, 사랑할 줄 알아야 해."

파워 충전소 할머니의 설교가 길게 늘어질 것 같았다. 세라는 고개를 난딱 들고 파워 충전소 할머니를 보았다.

"저 쉬고 싶은데요."

"그래. 오늘은 그만 돌아갈게. 언제든 네 마음속에 거센 바람이 휘몰아친다 싶으면 파워 충전소로 찾아오렴."

파워 충전소 할머니는 부드럽게 말을 마치고 세라의 방에서 나갔다. 세라 할머니는 뭐가 아쉬운 듯 세라와 파워 충전소 할머니를 번갈아 보았다. 그러고는 세라에게 쉬라 하고, 파워 충전소 할머니를 따라 방을 나갔다. 마치 오디션을 막 끝낸 것처럼 세라의 손바닥에서 땀이 났다. 긴장했다는 거였다.

"후……."

세라는 길게 숨을 뱉으며 침대 끝에 걸터앉았다. 방문 밖에서 현관문 여닫는 소리가 들렸다. 할머니의 손님들이 돌아가는 모양이었다. 잠시 뒤 슬리퍼 끄는 소리와 찻잔 달그락거리는 소리가 울렸다. 할머니가 뒷정리를 하는 듯했다.

세라는 슬그머니 방문을 열었다.

"왜? 뭐 줄까?"

할머니가 세라에게 물었다. 세라는 식탁 앞에 턱을 괴고 앉았다.

"저분들이 우리 집에는 왜 온 거예요?"

"내가 초대했지."

할머니가 싱글거리며 세라 앞으로 토마토와 포크를 내밀었다. 하나라도 더 먹이려고 할머니는 늘 애를 썼다.

"할머니가 저분들을 어떻게 알고요?"

세라는 질문을 던지며 포크로 토마토를 찍어 입에 넣었다. 상큼하게 토마토의 속살이 터졌다.

"아까 말했잖아. 저분들 엄청 유명한 과학자라고. 지난 주말에 파워 충전소에 가 봤는데, 저분들한테 이런저런 얘기를 두루두루 들어 두면 동화 쓸 때도 크게 도움이 되겠더라. 그래서 모셨지."

할머니 입에서 오랜만에 동화 이야기가 나왔다. 할머니는 아주 오래전에 등단한 동화 작가다. 등단하고 초기에는 몇 편의 동화를 발표했다는데, 할머니 이름으로 나온 동화책은 달랑 두 권이 전부였다. 그래도 할머니는 작가라는 이름을 무척이나 좋아했다. 툭하면 동화를 쓰겠다며 거실에 있는 컴퓨터를 장악하곤 했다. 하지만 지금까지 몇 년이 지나도록 쓸 만한 동화는 나오지 않았다. 할머니가 컴퓨터 앞에 앉아 있는 시간도 점차 줄었다. 그런데도 할머니는 동화를 생각하면 신이 나는 모양이었다. 반짝반짝 눈이 빛났다.

"저분들은 저한테 더 관심이 있는 것 같던데요?"

토마토를 삼키며 세라는 입을 삐죽거렸다. 그래도 할머니는 좋다고 했다.

"유명한 과학자들이 우리 공주님한테 관심이 있으면 더 좋지."

할머니의 입꼬리가 훌쩍 올라갔다. 할머니에게 세라는 동화보다 더 귀한 존재인 듯했다. 세라는 꿀꺽 토마토를 삼켰다. 할머니가 내어 준 토마토는 달았다.

부러움의 정체

 금요일 오후, 세라는 침대에 누워 스마트폰을 만지작거렸다. 원래는 회사에 가야 하는 날인데 오늘은 수업이 없었다. 대신 윤화의 첫 촬영 예행연습이 진행된다고 했다. 윤화는 지난밤 내내 스마트폰을 붙잡고, 세라에게 온갖 걱정을 쏟아 냈다. 결론도 나지 않는 뻔한 걱정이었다. 서해 역할에 캐스팅된 아이는 윤화였다. 세라가 도울 수 있는 건 하나도 없었다.
 "할머니랑 산책 좀 하고 올까?"
 할머니가 방문을 열고 세라에게 물었다. 세라는 고개를

저었다. 딱히 몸을 움직이고 싶지 않았다. 세라는 집에 온 이후 계속 어영부영 시간을 흘려보냈다. 세라답지 않았지만 세라는 대수롭지 않게 여기기로 했다.

'이런 날도 있는 거지.'

세라는 책상 위에 놓인 탁상 달력을 쳐다보며 혼잣말했다. 고요하기만 한 집 안 분위기가 마음에 들지 않았다.

이튿날 늦은 아침을 먹고, 엄마는 친구들을 만난다며 외출했다. 할머니는 잘 다녀오라며 하얀색 원피스를 입고 나서는 엄마를 현관문 밖까지 쫓아 나가 배웅했다. 나이를 먹어도 할머니 눈에는 엄마가 어린아이처럼 보이는 모양이었다. 세라는 '흥!' 하고 콧방귀를 뀌었다.

세라는 뚱한 얼굴로 거실 책꽂이로 다가갔다. 책이나 한 권 읽을까 싶어서였다. 그런데 거실 창가에 놓인 원탁에 두툼한 대학 노트가 펼쳐져 있었다. 할머니의 구상 노트였다. 한동안 보이지 않더니 무엇인가 쓰고 싶은 이야기가 떠올랐나 싶었다. 탁자 앞에 앉아 할머니의 구상 노트를 들여다보려는데, 할머니가 콧물을 들이키며 집 안으로 들어섰다. 세라는 할머니를 빤히 쳐다보았다. 코끝도 빨갛고 눈가도 젖은 것 같았다.

"울었어요?"

세라가 물었다.

"아아니, 울기는 무슨. 아유, 눈에 뭐가 들어갔나."

할머니는 두 눈을 끔벅거리며 딴청을 부렸다. 세라는 할머니의 구상 노트를 펼쳤다. 할머니만 알아볼 수 있는, 암호 같은 글자와 그림이 노트에 가득했다. 할머니만의 구상법이었다.

"또 뭐 쓰시려고요?"

"응! 엊그제 다녀간 과학자 부부 있잖아. 그분들 얘기에 아이들을 엮어서 쓰면 재밌을 것 같더라고. 좀 들어 볼래?"

할머니의 눈이 또 빛났다. 할머니에게 힘을 주는 건 동화인 듯했다.

할머니는 파워 충전소의 할아버지와 할머니에게 들었다면서, 사람이 건강하게 살아가는 데 필요한 몇 가지 파워에 관해 이야기를 시작했다.

"일단 가장 중요한 건 바디 파워! 무엇보다 건강하게 살아가는 게 중요하니까 말이야. 그런데 이 바디 파워를 기르려면 마음도 단단하게 만들어야 해."

지난번에 파워 충전소 할머니가 했던 말이다. 할머니는

또 말을 이었다.

"브레인 파워라는 것도 있는데 이건 무조건 머리를 좋아지게 하는 게 아니야."

이건 훈이가 했던 말이다. 어쨌든 파워 충전소의 할아버지와 할머니는 일관된 주장을 펼치고 있었다. 양쪽의 말에 차이가 없었다.

"아차차, 내 정신 좀 봐."

한참 주절주절 이야기를 늘어놓던 할머니가 시계를 살폈다.

"오늘 한 시까지 파워 충전소에 가기로 했는데, 너도 같이 갈래?"

세라는 냅다 고개를 저었다. 세라는 파워 충전소의 할아버지와 할머니가 뱉어 내는 말을 신뢰하지 않았다. 물론 에이치가 연관되어 있다면 사정은 다를 테지만, 에이치가 언급한 할아버지와 할머니가 파워 충전소의 그분들인지 확실하지도 않았다.

"너도 그분들 얘기를 같이 들어 보면 좋을 텐데, 네 방에 붙여 놓은 사진 속 그 애 있잖아. 그 애도 그 어른들이 파워를 충전해 줬대."

할머니가 에이치 이야기를 꺼냈다. 살짝 마음이 흔들렸지만 세라는 파워 충전소의 할아버지, 할머니와 굳이 어울리고 싶지 않았다. 세라는 정중하게 거절하고, 책꽂이에서 책을 꺼냈다. 할머니는 아쉬운 얼굴로 세라를 바라보다가 식탁에 간단한 먹을거리를 챙겨 두고 집을 나섰다. 옆구리에는 큼지막한 가방이 들려 있었다.

책상 앞에서 책을 조금 읽다가 세라는 방에서 나왔다. 오월의 햇살이 내려앉은 집 안은 평온했다. 이래도 되나 싶을 만큼. 왈칵 세라의 마음에 물기가 차올랐다. 내일은 4년 전 세상을 떠난 아빠의 기일이었다. 그런데 집안 식구 누구도 아빠의 기일을 챙기지 않았다.

"내년부터는 기일에 제사 안 지낼 거야."

작년 아빠 기일에 납골당에 가서 간단히 제를 올리고 난 뒤 엄마가 말했다. 엄마는 그게 아빠의 뜻이라고 했다.

"아빠는 세라가 너무 오랫동안 아빠를 그리워하면서 지내지 않았으면 좋겠대."

엄마가 아빠의 말을 전했다. 그리고 엄마도 아빠의 뜻을 존중한다고 했다.

"그래서 이렇게 모른 척하고 지나가는 거야? 이게 맞는 거야?"

 텅 빈 집에서 누군가 대답할 리 없었다. 하지만 세라는 중얼중얼 혼잣말을 뱉었다.

 "저 배우는 진짜 멋있어. 촬영 전에 완벽하게 캐릭터를 이해하고, 대본을 숙지해 와. 게다가 현장에서 잘난 척하는 일도 없지. 항상 스텝들을 대우해 줘."

 카메라 감독이던 아빠는 시간이 날 때면 항상 드라마나 영화를 즐겨 봤다. 그러면서 아빠가 일하는 현장과 그곳에서 만난 배우들의 이야기를 수시로 들려줬다. 세라는 아빠가 들려주는 이야기가 좋았다. 그래서 아빠가 좋아하는 멋있는 배우처럼 되고 싶었다.

 "우리 세라라면 진짜 멋진 배우가 되고도 남을 거야. 카메라발도 진짜 잘 받을 거야."

 세라가 배우가 되고 싶다고 했을 때 아빠는 두 손으로 카메라 앵글을 만들며 세라를 추켜세웠다. 그러고는 고작 여덟 살밖에 되지 않은 세라에게 드라마 대본을 뭉텅이로 안겨 줬다.

 "아빠……."

 스마트폰을 열어 아빠 사진을 들여다보려는데, 전화가

걸려 왔다. 윤화였다. 세라는 부리나케 전화를 받았다.

"언니, 지금 뭐 해?"

윤화 목소리가 심상치 않았다. 뭔가 잔뜩 독이 오른 것도 같고, 울음이 차 있는 것도 같았다. 세라가 아무것도 안 한다고 대답하자 윤화가 물었다.

"잠깐 만나 줄 수 있어?"

세라는 선선히 그러자고 했다.

"내가 언니네 집 근처로 갈게."

윤화는 금방이라도 날아올 것처럼 말을 뱉었다. 세라는 집에서 한 정거장쯤 떨어져 있는 큰길 사거리로 윤화를 안내했다. 그리고 세라도 곧장 집을 나섰다.

큰길 사거리에는 사람들의 왕래가 잦은 산책로가 있었다. 세라는 산책로 입구에 있는 나무 의자에 앉아 윤화를 기다렸다. 세라의 머릿속이 복잡했다. 윤화는 지금 영화 촬영을 위한 카메라 리허설 중이어야 했다. 금요일과 토요일 이틀 동안 내리 진행된다고 했으니까. 그런데 윤화가 세라를 찾아오고 있다. 대체 무슨 일일까.

세라가 목을 길게 빼고 버스 정류장 쪽을 바라보는데 윤화가 보였다. 윤화는 성큼성큼 걸어와 세라에게 답삭 안겼다. 그러고는 짜증이 나 죽을 것 같다고 했다. 세라는 산책로 의자에 윤화를 앉혔다. 그리고 윤화 옆에 자리를 잡았다.

"오늘 카메라 리허설한다고 하지 않았어?"

"어젯밤 열 시까지 했어."

윤화가 눈썹을 찡그리며 불퉁거렸다.

"우아, 열 시까지?"

세라가 알기로 윤화는 어제 학교도 가지 않고, 곧장 예행연습 현장으로 달려갔다. 그런데 밤 열 시까지 예행연습을 했다니, 세라는 윤화가 무척이나 고단했겠다 싶었다.

"뭔가가 감독님 마음에 들지 않았나 봐. 집에 가서 더 연습하고, 일요일에 보자고 하더라고."

윤화가 속상하고 억울한 듯 입을 삐죽거렸다. 세라는 윤화의 어깨에 손을 얹었다. 윤화는 이제 겨우 초등학교 5학년짜리 초보 배우였다. 세라는 처음부터 잘할 수는 없다고 윤화를 위로했다.

"그런데 울 엄마가 어떤지 알아?"

윤화가 입을 비쭉거리며 세라를 쳐다보았다. 세라는 가만히 윤화의 말을 기다렸다.

"엄마가……."

시나리오에서 서해는 대사도 장면도 그리 많지 않았다. 딱 하나, 대학가에 있는 공원에서 주인공 영지에게 꾸중을 듣는 장면이 크다면 큰 장면이었다. 그래서 윤화 엄마가 해당 장면을 연습하자며 세라네 집에서 멀지 않은 대학가 공원으로 윤화를 데리고 갔다고 했다.

"캐스팅된 것도 나고, 카메라 앞에서 촬영해야 할 사람도 난데, 왜 하나에서 열까지 다 엄마 마음대로 하려고 하는지 모르겠어."

윤화 눈에서 눈물이 또르르 떨어졌다. 윤화와 윤화 엄마의 사정을 속속들이 알 수는 없지만 세라는 대충 짐작할 수 있었다. 윤화 엄마는 윤화가 맡은 역할을 최대한 잘하게 하려고 최선을 다해 준비했을 것이다. 지난 몇 달간 세라가 본 윤화 엄마는 그랬다. 윤화보다 몇 배는 더 윤화의 일에 열정적이었다.

"어제 열 시까지 리허설하고 집에 들어가서도 새벽까지 아빠랑 대사 연습하고……."

윤화가 훌쩍거리며 고개를 숙였다. 윤화는 몹시 고단해 보였다. 진짜 촬영이 시작되기도 전에 지쳐서 쓰러질 것만 같았다. 세라는 윤화가 안쓰러웠다. 하지만 한편으로는 윤화가 부러웠다. 윤화에게는 윤화에 관한 일이라면 자기 자신을 불사를 만큼의 열정을 가진 아빠와 엄마가 있었다.

"나 그거 안 하겠다고 할까 봐."

윤화가 시무룩하게 말했다. 세라는 멀거니 윤화를 보았다. 정말로 안 하고 싶은 건지 알 수 없었다.

"언니 생각은 어때?"

윤화가 질문을 던졌다.

"음, 그러면 너희 부모님이 슬퍼하지 않을까?"

세라는 머릿속에 떠오른 생각을 조심스럽게 밝혔다.

"슬퍼하라고 그러는 거지!"

윤화가 빽 목청을 높였다.

"엄마랑 아빠가 하도 안달하니까 하기 싫어졌어. 진짜로 안 할래!"

윤화가 다리를 쭉 뻗어 운동화로 바닥을 긁었다. 흙먼지가 포르르 일어났다. 동시에 세라의 머릿속에 엄마의 얼굴이 떠올랐다. 세라가 하는 일에 눈길 한번 주지 않는 엄마의 얼굴이.

"하……."

세라가 길게 숨을 뱉었다.

"너희 엄마랑 우리 엄마가 반씩 섞이면 참 좋을 텐데…….”

세라의 속마음이 입 밖으로 튀어나왔다. 윤화는 그게 무슨 소리냐고 묻는 듯 고개를 갸우뚱 기울였다. 세라는 무안했다. 지금까지 한 번도 엄마 때문에 속상한 티를 내지 않았다. 티를 내는 순간 윤화에게 질 것만 같았다.

"아니야, 뭐, 그만두고 싶으면 그만둬. 너희 엄마랑 아빠도 속상해 봐야지.”

세라는 마음에도 없는 말을 툭 던졌다. 윤화가 결심한 듯 주먹을 쥐어 보였다.

"좋아. 내가 그만둘게, 그 역할 언니가 해.”

윤화의 발상은 엉뚱했다. 캐스팅된 윤화가 포기한다고 해서, 오디션에서 떨어진 세라에게 그 역할이 돌아올 리 없었다. 자신이 마치 영화사 감독이나 작가인 양 결정하는 윤화의 모습에 세라는 피식 웃음만 흘렸다.

"언니, 나 언니네 집에 가서…….”

무언가 말을 이으려는데, 윤화의 스마트폰이 울렸다. 윤화는 얼굴을 구기며 스마트폰 액정을 쳐다보았다. ‘우리 엄마’라는 글자가 또렷이 박혀 있었다.

"벌써 열 통도 넘게 걸고 있어.”

윤화가 입을 불뚝 내밀었다. 세라는 이럴 때야말로 진짜 조언이 필요하다고 생각했다.

"걱정하실 거야. 받아 봐."

걱정이 커지면 그만큼 꾸지람도 커질 수 있었다. 세라의 말에 윤화는 못 이기는 척 전화를 받았다. 그러고는 곧장 티격태격 다툼을 벌였다. 세라는 통화하고 있는 윤화를 물끄러미 바라보았다. 가슴 깊은 곳에서 몽글몽글 부러움이 떠올랐다. 정체를 알 수 없는 부러움이었다.

알 수 없는 마음

통화를 끝낸 윤화가 멋쩍게 웃었다.

"엄마가 데리러 온대."

전화 한 통으로 불뚝거리던 마음이 다스려진 모양이었다. 세라는 뻘쭘했다.

"안 하겠다면서?"

세라가 물었다. 말투에 삐뚜름한 마음이 슬쩍 담겼다. 하지만 윤화는 눈치채지 못한 듯했다. 싱글거리는 얼굴로 세라에게 말했다.

"엄마가 미안하대."

"진짜?"

세라가 보기에 윤화 엄마는 그렇게 쉽게 사과할 사람이 아니었다. 그냥 세라의 느낌이 그랬다. 하지만 윤화는 자기 엄마의 사과를 곧이곧대로 받아들이고 있었다. 고개를 주억거리며 다리도 살랑살랑 흔들었다.

"내가 힘들 거라는 생각을 못 했대. 그냥 잘하고 싶어 하는 줄만 알았대."

그 짧은 통화 시간에 저런 이야기를 나누다니, 세라의 머릿속에 또다시 엄마 얼굴이 떠올랐다. 그리고 윤화 엄마와 자꾸 비교됐다. 세라 엄마는 윤화 엄마 앞에서 무릎을 꿇었다. 세라도 마찬가지였다. 세라는 윤화를 이길 수 없었다. 모든 면에서 패배자였다.

"엄마 만나서 뭐 할 거야?"

세라가 물었다. 윤화는 하늘을 올려다보며 곰곰 생각하더니 맛있는 걸 먹어야겠다고 했다.

"그런 다음에 얘기해 봐야지."

"무슨 얘기?"

세라의 물음에 윤화의 얼굴이 조금 진지해졌다.

"내 일에 왜 그렇게 엄마가 열심인지……."

만약에 세라가 엄마와 대화를 나누게 된다면, 세라는 엄마에게 정반대의 질문을 던질 것이다. 엄마는 왜 그렇게 세라의 일에 관심이 없는지……. 세라의 마음속이 또 헛헛해졌다.

"넌 왜 배우가 되려고 해?"

세라가 윤화에게 질문을 던졌다. 윤화의 엄마와 아빠를 보면서 문득문득 들었던 궁금증이기도 했다. 윤화는 또르르 눈동자를 굴렸다.

"멋있어 보여서?"

대답하면서 윤화는 싱긋 웃었다. 무안한 듯 보였다.

"언니는?"

이번에는 윤화가 물었다. 세라는 곧장 아빠를 떠올렸다. 하지만 아빠 이야기를 입 밖으로 꺼낼 수는 없었다. 아빠가 세라 곁에 없다는 걸 굳이 밝히고 싶지 않았다.

"나도 너랑 같아. 배우, 멋있어 보이잖아."

세라는 아빠 이야기를 쏙 뺀 채 윤화에게 대꾸했다. 갑자기 윤화가

심각한 표정으로 말했다.

"멋있어 보인다고 배우가 되려는 건 아닌 것 같아."

세라는 두 눈을 멀뚱거리며 윤화를 보았다. 윤화가 배시시 웃으며 말을 이었다.

"내가 정말 좋아서 해야 하는데, 해 보니까 나는 이걸 진심으로 좋아하는 것 같지 않아."

윤화는 카메라 앞에서 수십 번씩 같은 말을 뱉으며 리허설을 하는데, 딱 도망치고 싶었다고 했다.

"내가 정말 좋아서 하는 거면 도망치고 싶지 않았겠지? 더 잘하고 싶어서 더 열심히 했겠지?"

윤화가 동의를 구하고 싶은 듯 세라를 보았다. 세라는 윤화의 말을 곰곰 되짚었다. 그리고 고개를 끄덕였다.

그때 마침 윤화 엄마가 산책로 입구에 나타났다. 윤화 엄마는 세라에게 윤화와 함께 있어 주어 고맙다고 했다. 어차피 할 일 없이 빈둥거리고 있던 참이라, 세라는 그런 인사가 쑥스러웠다.

윤화와 헤어지고 난 뒤 세라는 느릿느릿 걸음을 옮겼다. 어깨에 힘도 쭉 빼고, 머리도 바닥을 향해 푹 숙였다. 실장님이 보면 질색할 자세였지만 지금 세라에게는 버틸 힘이 없었다. 윤화의 말이 불쑥불쑥 세라의 마음을 흔들었다.

'나는 왜 배우가 되려고 하는 거지? 진짜로 내가 하고 싶어서 하려는 건 맞나?'

자기 일임에도 세라는 답을 내릴 수 없었다. 세라는 아빠 때문에 배우가 되고 싶었다. 그리고 엄마는 배우가 되려는 세라를 마음에 들어 하지 않았다. 그래서 세라는 더 오기를 부리고 있었다. 그러니까 순수하게 세라가 원해서 배우가 되려는 건 아닌 듯했다. 아빠에 대한 그리움 혹은 엄마에 대한 반항. 이 두 가지 마음이 세라를 여기까지 끌고 온 거였다.

"임세라, 네 마음은 어디에 있는 거야?"

세라는 자신에게 질문을 던져 보았다. 하지만 답을 하지 못했다. 세라는 자기의 마음을 알 수 없었다.

뚜벅뚜벅 걷는데 허기가 졌다. 생각해 보니 열 시쯤 아침을 먹고 다섯 시가 지나도록 아무것도 먹지 않았다. 할머니가 챙겨 놓은 간식거리가 생각났다. 언제부터인가 세라를 챙기는 건 늘 할머니였다. 아빠가 떠나면서 엄마도 세라를 떠나 버린 것 같았다. 세라의 마음에 또 거센 바람이 불어왔다. 엄마를 괴롭히고 싶어졌다. 어떻게 하면 엄마가 괴로

워할까? 어쩐지 엄마는 세라가 무슨 짓을 해도 꿈쩍하지 않을 것 같았다. 더 서러워졌다.

'엄마는 왜 나한테 전화 한번을 안 하지?'

세라는 스마트폰을 슬쩍 들여다보았다. 엄마랑 연락을 나눈 게 언제인가 싶었다. 세라에게 연락하는 건 할머니 몫이었다. 세라를 몽땅 할머니에게 넘기려고, 할머니 집으로 이사를 온 건가 싶었다. 머릿속이 뒤죽박죽 꼬여 버렸다. 기분도 덩달아 엉망진창이 되었다. 이런 상태로는 도저히 집으로 갈 수 없었다.

세라는 스마트폰을 주머니에 찔러 넣으며 우뚝 걸음을 멈췄다. 한 블록을 더 걸어가서 길을 건너면 세라가 사는 아파트 단지였다.

'엄마가 찾을 때까지 안 들어갈 거야.'

마음이 단단해졌다. 세라는 고개를 휙 돌렸다. 어디로 갈까 결정해야 했다. 순간 스마트폰에서 진동이 느껴졌다. 엄마인가 싶어 세라는 잽싸게 스마트폰을 꺼냈다.

 내일이지? 아빠 만나는 날? 잘 다녀와.

예지였다. 세라는 스마트폰을 두 손으로 쥔 채 털썩 주저앉았다.

예지가 알고 있다고 짐작은 하고 있었다. 그런데 막상 예지의 메시지를 받고 보니 마음이 덜컥거렸다.

'예지도 챙겨 주는데…….'

엄마는 아무 말이 없었다. 다시 원망이 피어올랐다.

지잉.

또 스마트폰이 울었다.

 아빠 만나고 오면 뾰족해지지 말기. 잘 지내자, 우리.

예지의 메시지는 따스했다. 세라의 마음이 사르르 녹아내릴 만큼. 세라는 예지를 만나고 싶었다. 부리나케 예지에게 전화를 걸었다.

"오, 임세라! 이제 좀 괜찮아졌어?"

예지가 반갑게 세라의 전화를 받았다. 그런데 예지의 주위가 소란스러웠다.

"너 어디야?"

세라가 물었다. 예지는 캠핑장이라고 했다.

"아……!"

세라는 얕게 탄성을 뱉었다. 지금 캠핑장에 있는 예지를 만날 수는 없었다.

"왜?"

예지가 물었다.

"아니야, 그냥."

세라는 허둥거리며 월요일에 보자고 했다. 예지는 웃음이 가득 담긴 투로 그러자고 했다. 통화는 싱겁게 끝났.

전화를 끊고, 세라는 예지가 보낸 문자 메시지를 다시 읽었다. 순간 세라의 얼굴이 붉게 달아올랐다. 예지는 세라의 마음이 얼마나 쉽게 흔들리는지 다 알고 있었다. 그렇다면 센 척하려고 날마다 기를 쓰고 있는 것도 알고 있을 거였다. 부끄러웠다. 그리고 화도 났다. 이렇게 쉽게 들통나는 마음을 엄마만 몰랐다. 세라는 엄마에게 자신이 어떤 존재인가 싶었다.

'어떻게 되든 상관없는 존재인 걸까…….'

지잉. 또 하나의 문자 메시지가 도착했다. 세라는 스마트폰을 힐끗 쳐다보았다.

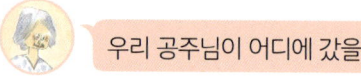 우리 공주님이 어디에 갔을까?

할머니였다.

"하아……."

세라의 입에서 한숨이 터졌다. 할머니를 생각하면 집으로 들어가는 게 맞았다. 하지만 그러고 싶지 않았다. 엄마의 마음을 괴롭히고 싶었다. 세라는 몸을 돌려 집 반대 방향으로 성큼 걸음을 디뎠다.

"어, 임세라!"

무작정 걸음을 옮기고 있는데 누군가가 세라를 불렀다. 세라는 고개를 슬쩍 들어 올렸다. 소율이와 훈이가 활짝 웃으며 세라에게 다가오고 있었다. 그 뒤로 전파산이 보였다. 집 반대쪽으로 걷다 보니 전파산 입구에 닿은 모양이었다.

"네가 여긴 웬일이야?"

훈이가 물었다. 목소리에 반가움이 담겨 있었다.

"오늘은 회사에 안 갔어?"

이번에는 소율이가 물었다. 딱히 대꾸할 말이 없었다. 세라는 멀뚱멀뚱 전파산 쪽을 보았다. 그 아래 새로 지은 듯한 건물이 보였다.

"저기가 파워 충전소야."

훈이가 손가락으로 낯선 건물을 가리켰다.

"우리 저기 가는 길인데, 별일 없으면 같이 갈래?"

소율이가 세라에게 말했다.

"이 시간에 저긴 왜 가?"

세라 눈썹이 저절로 찌푸려졌다.

"파워 충전소 소장님들이랑 저녁 먹으려고."

"할아버지 소장님이 음식을 아주 잘 만드셔."

소율이와 훈이는 파워 충전소가 자기들의 큰 자랑거리라도 되는 양 목청을 높였다. 순간 세라의 머릿속에 질문거리 하나가 떠올랐다. 에이치. 파워 충전소를 자기 집처럼 드나드는 둘이라면 알고 있을지도 몰랐다.

"파워 충전소랑 에이치랑 관계가 있어?"

"어? 어떻게 알았어?"

훈이가 두 눈을 휘둥그레 뜨며 싱글거렸다. 소율이는 에이치가 데뷔하기 전에 파워 충전소에서 할아버지와 할머니를 만났다고 말했다.

"그걸 어떻게 믿어?"

세라가 의심 가득한 눈으로 소율이를 보았다.

"에이치랑 영상 통화를 했지!"

훈이가 가슴을 쫙 펴며 손가락으로 브이 자를 그렸다. 소율이도 얼굴을 반짝 빛냈다. 사실인 듯 보였다.

"같이 가자!"

소율이가 세라의 팔을 잡았다. 세라는 못 이기는 척 소율이와 걸음을 맞췄다. 어차피 갈 곳도 없었고, 이번 기회에 파워 충전소를 알아 두는 것도 나쁘지 않을 듯했다.

마음도 힘이 필요하다

파워 충전소의 철문이 열리고, 할아버지가 하얀 머리카락을 휘날리며 모습을 드러냈다. 그러고는 이를 드러내며 빙싯 웃고는 큰 소리로 세라를 맞았다. 안에서 할머니가 서두르며 나왔다.

"여기에서 보니 정말 반갑구나. 어서 와."

세라는 볼 때마다 까칠하고 예민해 보이던 할머니였는데 의외라고 생각하며 엉거주춤한 채로 신발을 벗고, 파워 충전소에 들어갔다.

널찍한 마룻바닥이 휑하게 드러난 파워 충전소는 체육

관 같았다. 여기에서 무엇을 하는 걸까 궁금해진 세라가 두리번거리며 주위를 살폈다. 가로로 길게 나 있는 창문으로 저녁 햇살이 들어와 마룻바닥을 주황빛으로 물들였다.

"오늘 저녁 메뉴는 뭐예요?"

훈이는 자연스럽게 부엌으로 다가갔다.

"할머니, 세라가 에이치 팬이에요."

소율이는 할머니의 팔을 잡으며 소곤거렸다. 무척이나 친근해 보였다.

"알고 있지."

할머니가 세라를 보며 생긋 웃었다. 세라 얼굴이 화끈 달아올랐다.

"세라도 이리 와서 같이 먹자. 음식은 넉넉하니까 걱정하지 말고."

할아버지가 세라를 불렀다. 세라는 마음이 편치 않았다. 처음 찾아온 곳에서 끼니까지 때울 생각은 손톱만큼도 없었다. 하지만 배가 고팠다. 그래서 소율이가 팔을 잡고 식탁으로 이끌자 못 이기는 척 따라갔다. 식탁 위에는 평소 세라가 먹던 것과 비슷한 메뉴가 정성스럽게 차려져 있었다. 다이어트 걱정 없이 그냥 먹어도 될 것 같았다.

세라는 자리에 앉아 할아버지가 내미는 숟가락과 젓가락을 받았다.

"할머니, 소율이가요, 어제 초콜릿 먹었대~요."

훈이가 소율이를 놀리듯 몸을 흔들어 대며 말했다. 소율이는 샐쭉한 표정으로 훈이에게 눈을 흘기고 억울한 듯 입을 열었다.

"어제는 진짜 힘들었어요. 수학 학원 괜히 다니기로 했나 봐요."

소율이는 수학 학원에서 자꾸 난이도 높은 문제를 풀게 해서 스트레스를 받는다고 했다. 그래도 엄마와의 약속이라 반년은 다녀야 한다며 한숨을 쉬었다. 허물없는 사람들을 대하는 것처럼 소율이의 온몸에서 친근함이 묻어났다.

"차근차근 풀면 돼. 깊게 생각하고, 몰두하고, 마음을 가다듬고!"

훈이가 목소리에 힘을 주며 말했다. 소율이는 '흥!' 하고 콧방귀를 뀌었다. 그러고는 할머니를 보며 말했다.

"훈이는 국어 수행 평가 완전히 망했대요. 브레인 파워도 받았으면서!"

이번에는 소율이가 훈이를 놀려 댔다. 세라는 귀를 활짝 열어 둔 채 시금치 샐러드를 입에 넣었다. 리코타 치즈에 곁들여진 시금치는 싱싱하면서도 고소했다. 살짝 달착지근한 맛도 느껴졌다. 할아버지 음식 솜씨가 최고라더니 훈이의 말이 헛소리는 아닌 듯했다.

"바디 파워를 받았다고 해서 음식이며 운동이 저절로 조율되는 건 아니라고 했지? 브레인 파워도 마찬가지란다. 처음부터 좋은 성적을 받을 수는 없어."

할머니가 조금은 진지하게 말을 맺었다. 소율이와 훈이는 할머니의 말을 가볍게 받으며 알고 있다고 답했다.

"처음에는 침착하게 잘 풀었는데요, 선생님이 5분 남았다고 하는 순간부터 머릿속이 하얘지면서 문제가 안 읽히는 거예요. 진짜 당황스러웠어요."

훈이가 속상해 죽겠다는 표정을 지어 보였다. 옆에서 할아버지가 하얀 머리카락을 뒤로 넘기며 허허 웃었다. 그러고는 그건 멘탈의 문제라고 했다. 세라는 실장님의 말이 떠올라 살짝 고개를 들어 할아버지를 보았다. 할아버지가 말을 이었다.

"시간이 부족하다고 생각한 순간 멘탈이 흔들린 거야. 멘탈이 흔들리니까 머릿속 생각들이 후루룩 날아간 거지."

"그럴 때는 어떻게 해야 해요?"

소율이가 질문을 던졌다. 세라는 구경꾼처럼 식탁에 둘러앉은 사람들을 바라보았다. 그들은 세라에게는 관심이 없는 듯 자신들이 나누고 있는 이야기에 집중하고 있었다. 세라는 오히려 마음이 편했다. 모두가 자신에게 신경을 세우고 있어도 피곤할 것 같았다.

"긍정적인 생각이 필요해. 아, 5분이면 충분히 풀 수 있어! 자신에게 주문을 거는 거지."

"그렇게 생각할 수 없는 상황이었어요. 진짜로 시험지 4분의 1은 못 푼 상태였는걸요?"

훈이는 억울한 듯 목소리를 높였다. 고개를 주억거리는 할아버지 옆에서 할머니가 말을 받았다.

"그래서 멘탈을 관리하는 데도 훈련이 필요하단다. 바디 파워나 브레인 파워를 충전받고도 훈련이 필요한 것처럼 말이야."

"어, 그러면?"

소율이가 목청을 키우며 눈을 번득거렸다. 할아버지와 할머니, 훈이의 눈길이 온통 소율이에게 쏠렸다.

"혹시…… 세 번째로 주실 파워는 멘탈 파워인가요?"

세라로서는 도무지 알아들을 수 없는 대화였다. 더 이상 관심 없는 척 앉아 있을 수 없었다.

"그게 다 무슨 소리야?"

세라의 물음에 식탁의 눈동자가 전부 세라에게 향했다. 세라는 무안해서 흠흠 헛기침을 했다.

"우리는 사람이 건강하게 살아가기 위해서 꼭 필요한 파워를 연구하는 과학자들이란다."

할머니가 자기를 소개했다. 이미 세라네 집에서 들은 소개였다.

"너 혹시 기억나? 내가 책상 위에 엎어져 있는 걸 얼마나 좋아했는지 말이야……."

소율이가 말했다. 소율이는 몇 주 전까지 세라의 짝이었다. 그때 소율이는 틈만 나면 책상 위에 엎드리고, 걸음을 옮길 때도 어깨를 축 늘어뜨린 채 발을 질질 끌며 걸었다.

"그걸 보고 여기 계신 할아버지랑 할머니가 나한테 바디 파워를 충전해 주셨어. 덕분에 나는 운동을 즐겁게 할 수 있게 됐고, 온몸에 힘이 생겨서인지 자세도 반듯해졌어. 먹는 것도 가리는 것 없이 골고루, 몸에 좋다는 음식도 맛있게 먹게 됐지."

소율이가 신바람을 내며 설명했다. 훈이는 브레인 파워를 받았다면서, 이후 날마다 소율이와 토론하듯 공부하고, 모바일 게임도 딱 정해 놓은 시간만큼만 한다고 했다. 게다가 그날그날 목표를 설정해 공부하는 버릇을 길렀더니, 공부하는 시간이 그리 지겹지 않다고 했다.

"이게 다 할아버지랑 할머니 덕분이야."

말끝에 훈이는 할아버지와 할머니를 쳐다보며 양손 엄지손가락을 세웠다. 할아버지와 할머니는 쑥스러운 듯 미소를 지었다.

"그리고 이제 세 번째 파워의 주인공을 찾을 차례야!"

소율이가 의미심장한 눈빛으로 할머니를 보았다. 할머니는 아무렇지 않은 듯 구운 감자를 앞접시로 옮겼다. 감자에서 김이 솔솔 피어올랐다.

"진짜 세 번째 파워로 멘탈 파워를 주실 거예요?"

이번에는 훈이가 물었다.

"이 녀석들, 눈치가 백 단이네!"

할아버지가 껄껄 웃더니 고개를 끄덕였다.

"세라는 멘탈이 엄청 세요!"

훈이가 세라를 빤히 쳐다보았다. 소율이는 말없이 세라

를 바라보았다. 세라는 얼른 고개를 돌렸다. 얼굴이 붉어지려 했다.

"겉으로 보는 거랑 속은 다를 수 있지."

할머니가 부드럽게 말을 꺼냈다. 세라는 젓가락을 쥔 채 식탁을 바라보고 있었다. 세라는 머릿속이 하얘지는 느낌이었다. 할아버지와 할머니 말대로라면 자신은 지금 멘탈이 흔들리고 있는 거였다. 세라의 멘탈은

유리병만큼이나 약했다. 세라도 그걸 이제야 깨달았다.
"멘탈은 강해져야지 다짐한다고 해서 강해지는 게 아니야. 자기에 대한 믿음이 있어야 강해질 수 있지."

할머니가 세라에게 닿아 있던 눈길을 거두며 말을 마쳤다. 세라는 식탁에 차려 놓은 음식만 바라보았다. 심장이 쿵쾅쿵쾅 뛰는 듯했다.

"저는 멘탈 강해요!"

소율이가 주먹을 불끈 쥐며 큰 소리로 말했다. 자기는 자기를 엄청나게 많이 믿는다고 했다. 훈이가 인정한다며 고개를 끄덕였다.

"훈이는 어때?"

할아버지가 훈이에게 물었다. 훈이는 잠깐 머뭇거리더니 아직은 약한 것 같다고 했다.

"국어 수행 평가 볼 때 끝까지 문제를 못 풀 것 같아서 엄청 불안했어요. 그건 저를 믿지 못해서 그런 거죠?"

훈이의 말에 할아버지는 고개를 끄덕이며 그걸 알고 있다는 게 중요하다고 했다.

"자기 마음이 어떤 상태인지를 알아차려야 멘탈도 관리할 수 있거든."

할아버지의 말을 들으며 세라는 자신의 마음을 더듬어 보았다. 아까 윤화를 만나면서부터 아니, 그보다 훨씬 전부터 세라는 자기의 마음을 알아차릴 수 없었다. 그래서 답답

했고, 화도 났다. 힘을 잃고 비척거린 데는 다 이유가 있는 거였다. 이유를 알고 나니 씁쓸했다.

"그럼 저는 멘탈 파워를 충전받을 수 없어요?"

훈이가 할아버지에게 물었다. 할아버지는 고개를 끄덕이며 말했다.

"지금 훈이의 상태라면 굳이 충전하지 않아도 잘 해낼 수 있을 거야."

훈이는 싱긋 웃으며 허리를 곧추세웠다. 그리고는 으스대듯 큰 소리로 말했다.

"바디 파워를 받지 않았지만 소율이만큼 튼튼하게 지낼 수 있는 것처럼 말이죠?"

할아버지는 맞는 말이라며 손뼉을 쳤다. 소율이가 훈이의 머리를 쓰다듬으며 브레인 파워를 받아서 그런지 똑똑해졌다고 칭찬했다. 훈이가 장난스럽게 소율이의 팔을 쳐냈다. 식탁 위에는 웃음이 번졌다. 하지만 세라는 웃음 사이로 끼어들 수 없었다. 함께 있지만 외딴곳에 홀로 떨어져 있는 느낌이었다. 세라는 고개를 푹 숙였다.

"낮에 할머니 다녀가셨어."

어지러운 마음을 다스리려 기를 쓰고 있는데, 파워 충전소 할머니가 나직하게 말을 붙였다. 세라는 우물거리며 알고 있다고 말했다.

"네 걱정을 많이 하시더라."

파워 충전소 할머니의 목소리에도 걱정이 담긴 듯했다. 세라는 마음이 편치 않았다. 할머니가 파워 충전소까지 와서 자기 이야기를 늘어놓았다고 생각하니, 불쑥 화가 치밀었다. 누구에게도 동정을 받고 싶지 않았다. 세라는 젓가락을 탁 내려놓고 자리에서 발딱 일어났다.

"여긴 제가 있을 자리가 아닌 것 같아요."

진즉에 자리를 박차고 나갔어야 했다. 아니, 처음부터 오지 말았어야 했다. 세라는 팽 몸을 돌렸다.

"언제든 마음에 힘이 필요하다 싶으면 다시 와."

할머니가 나긋나긋 말을 던졌다. 세라는 파워 충전소의 철문을 쾅 닫고 밖으로 나왔다. 어느새 저녁 일곱 시가 다 되어 가고 있었다.

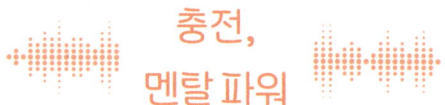

충전, 멘탈 파워

스마트폰에는 할머니의 흔적만 가득했다.

 우리 공주, 왜 여태 안 와?

 세라야, 뭐 먹지도 않고 나갔네?

 친구랑 같이 있는 거야? 언제쯤 올 거야?

 할머니 밥 안 먹고 기다린다.

열 개 가까운 문자 메시지와 몇 통의 부재중 전화 모두 할머니였다.

'도대체 엄마는……!'

불뚝성을 내려다가 세라는 파워 충전소 할아버지와 할머니의 말을 떠올렸다. 그리고 자기 마음을 살펴보았다. 자꾸만 불뚝불뚝 화가 나는 이유가 무엇인지, 정말 엄마 때문인지, 그렇다면 엄마랑 터놓고 이야기를 해야 하는 것은 아닌지…….

파워 충전소의 할머니는 자신에 대한 믿음이 중요하다고 했다. 세라는 지금 자신에 대한 믿음이 없었다. 스스로를 제대로 할 줄 아는 일도 없고, 엄마의 사랑조차 온전히 받지 못하는 아이라고 느꼈다. 어쩌면 엄마의 사랑을 받지 못해서 할 줄 아는 게 아무것도 없는 멍청이가 되었는지도 몰랐다. 더 이상 흔들리고 있을 수만은 없었다. 문제가 무엇인지 찾아야 했다. 그러려면 윤화처럼 엄마랑 이야기를 나눠야 했다.

아파트 단지에 들어서면서 세라는 엄마에게 전화를 걸었다.

"너 어디야?"

엄마는 단박에 전화를 받았다. 그러고는 대뜸 성을 냈다.

"엄마는 어디야?"

세라는 뻗치는 화를 꾹 누르며 차분하게 물었다. 엄마는 집이라고 했다.

"할머니 걱정하시게 연락도 안 하고……."

"엄마는?"

세라는 짧게 물었다.

"뭐라고?"

엄마는 세라의 물음을 알아듣지 못했다.

"엄마는 내 걱정했냐고."

"……."

엄마는 잠시 말이 없었다. 그러다가 다시 어디냐고 물었다. 세라는 대답하기 싫었다.

"엄마가 나갈게. 너 어디 있어?"

엄마 목소리가 조금 나긋해졌다. 세라는 집 앞 놀이터라고 말하고 전화를 끊었다. 그리고 놀이터 뒤쪽에 있는 정자에 기대어 앉았다. 엄마는 금방 나타났다.

"집 앞까지 와서 왜 안 들어오고 전화해?"

엄마는 괜스레 퉁을 놓았다. 세라가 뚱한 얼굴로 물었다.

"할머니가 나를 걱정하는 건 알고 있어. 그런데 엄마도 그래?"

엄마가 세라를 빤히 바라보며 물었다.

"엄마가 세라 걱정을 안 하는 것 같아?"

세라는 가만히 엄마를 쳐다보았다. 엄마가 맥없이 고개를 숙이며 입을 열었다.

"엄마가 잘못했구나."

엄마 입에서 너무나 쉽게 사과가 튀어나왔다. 세라는 확실하게 짚고 넘어가고 싶었다.

"뭘 잘못했는데?"

"세라한테 관심 없는 척한 것……."

엄마의 대답이 이상했다. 관심 없는 척이라니, 세라는 이유를 알고 싶었다.

"아빠 떠나고 네가 아빠한테 너무 집착하는 것 같아서 많이 고민했어. 아빠를 계속 그리워하게 두는 게 맞을지 아니면 어떻게든 정을 떼게 하는 게 맞을지. 아빠가 남긴 말도 그렇고, 엄마 생각에도 정을 떼게 하는 게 나을 것 같았어. 그래서 아빠 얘기는 꺼내지도 못하게 하려고, 엄마도 다 잊은 척 모르는 척 지냈어. 그러다 보니까 너한테도 관

심 없는 척을 해야 했어."

"말도 안 돼. 아빠가 떠나고 없는데, 엄마가 더 잘해 줬어야지!"

엄마에게 따지고 드는데 세라의 눈에서 주르륵 눈물이 흘렀다. 세라는 주먹으로 눈물을 벅벅 닦았다.

"그건 내 잘못이야."

갑자기 할머니 목소리가 끼어들었다. 어느새 할머니가 정자 앞에 와 있었다.

"내가 그렇게 하라고 했어. 네 엄마가 너무 힘들어했거든. 그래서 내가 너를 맡을 테니, 네 엄마에게 모르는 척 지내라고 했어. 너 신경 쓰지 말고……."

할머니는 다시 한번 세라에게 미안하다 사과했다. 세라는 기운이 쭉 빠졌다. 엄마가 이렇게 쉽게 사과할 줄은 몰랐다. 아니, 지금 둘의 사과를 받아야 하는 건지, 아닌지도 헷갈렸다. 세라는 여전히 자기 마음을 알 수 없었다. 자기 마음을 알아차리는 건 꽤 어려운 일인 듯했다.

"그나저나 여태 어디에 있다가 온 거야?"

감정을 추스른 뒤 할머니가 물었다. 세라는 파워 충전소에 다녀왔다고 했다. 거기에서 저녁도 먹었다고 했다. 할머니 얼굴에 반가움이 번졌다.

"파워 충전소가 뭐예요?"

엄마가 할머니에게 물었다. 할머니는 동네에 이사 온 과학자 부부가 운영하는 곳이라고 설명했다.

"할머니는 거기에서 뭐 하고 오셨어요?"

세라가 물었다.

"응? 나? 그냥……."

할머니는 적당히 둘러대지도 못하고 머뭇거렸다. 그러더니 그만 들어가자 했다. 어느새 주위에 어스름이 깔렸다. 세라는 할머니를 따라 자리에서 일어났다. 세라의 뒤를 엄마가 자분자분 따라왔다. 세라는 셋이 나란히 걸어가는 게 얼마 만인가 싶었다.

세라가 도어락 비밀번호를 누르고 현관문을 열었다. 집은 평소와 같이 아늑했으나 왠지 분위기가 화사했다. 세라는 고개를 돌려 집 안을 둘러보았다. 할머니가 쓰는 원탁에 탐스러운 수국이 꽂힌 화병이 놓여 있었다. 아빠가 좋아하던 꽃이었다.

"아, 저거……."

엄마가 당황하며 수국이 있는 쪽으로 다가갔다.

"네 엄마, 오늘 네 아빠한테 다녀왔어."
할머니의 말에 세라는 눈을 크게 뜨고 할머니를 보았다.
"내일이 네 아빠 기일이잖니……."
"그런데 어떻게 거길 엄마 혼자 갈 수 있어요?"
또다시 불뚝성이 난 세라의 목소리가 쨍하니 높아졌다.
엄마가 허둥거리며 세라에게 다가왔다.

"아빠가 부탁한 거라서. 일부러 날짜도 하루 당겨서 오늘 다녀온 거야……."

세라도 알고 있었다. 아빠가 딱 3년까지만 챙겨 달라고 했다는 걸. 그래도 세라는 마음속에서 아빠를 지워 버릴 수 없었다. 시간이 지날수록 더욱 또렷하게 생각날 뿐이었다.

"그건 아빠 생각일 뿐이잖아요."

마음을 가라앉히고, 세라는 자기 생각을 털어놓았다.

"딸이 아빠를 그리워하는 게 잘못은 아니잖아요. 안 그래요?"

세라가 엄마를 향해 따지듯 물음을 던졌다. 엄마는 고개를 끄덕이며 세라의 말에 동의했다. 그러고는 자신의 생각이 짧았다고 말했다.

"사실 배우가 되려는 것도 아빠 때문인 줄 알고 있었어. 그래서 대놓고 응원해 주지 못했어. 미안해, 세라야."

엄마는 다시 세라에게 사과했다.

"하기는 뭐든 자연스러운 게 좋은 건데. 그리워하는 것도, 잊는 것도 억지로 잘라 낸다고 잘리는 게 아닌 것을……."

할머니가 엄마와 세라를 번갈아 바라보며 말을 이었다.

"우리가 공연히 오기를 부려서 세라를 힘들게 했구나."

할머니 말에 세라는 고개를 끄덕였다. 세라 또한 오기를 부리며 지냈다. 자기 마음을 애써 모른 척하면서 버티다가 진심마저 잊고 말았다. 누구를 탓할 수도 없었다. 누구의 잘못도 아니었다. 세라는 수국이 꽂혀 있는 화병 앞으로 다가갔다. 그리고 두 눈에 수국을 담았다. 수국 빛깔이 가슴으로 번졌다. 그 안에서 아빠가 살아났다.

'아빠, 아빠가 우리 곁에 있었다면 어땠을까요? 지금이랑 달랐을까요?'

아빠에게 묻고 싶었다. 하지만 답을 들을 수는 없었다. 답은 세라가 찾아야 했다.

"저기, 엄마 아직 저녁 안 먹었는데. 뭐 좀 같이 먹을래?"

엄마가 침묵을 깨고 세라에게 말을 붙였다. 세라는 엄마를 물끄러미 바라보며 질문을 던졌다.

"뭐 먹을 건데요?"

"오랜만에 엄마가 김치볶음밥 만들어 줄까?"

엄마가 만든 김치볶음밥은 아빠도 좋아하던 음식이었다. 그래서인지 아빠가 떠난 뒤로 엄마는 김치볶음밥을 만든 적이 없었다. 세라의 입안에 군침이 돌았다. 저녁 여덟

시가 다 되어 가는 시간에 김치볶음밥이라니, 평소의 세라
였다면 절대 먹지 않았겠지만 지금은 신경 쓰고 싶지 않았
다. 엄마가 만들어 주는 김치볶음밥이 먹고 싶었다. 세라는
엄마를 향해 힘껏 고개를 끄덕였다.

  느지막한 시간에 세 식구가 식탁 앞에 모여 앉았다. 셋이
함께 저녁을 먹는 게 낯선 일은 아니었지만, 오늘은 세라의
기분이 이상했다. 철통같이 막혀 있던 마음에 틈새가 생긴
것만 같았다. 아주 잠깐 마음을 나누었을 뿐인데도 그랬다.
조금만 더 노력하면, 그래서 마음의 틈새가 조금 더 벌어지
면 세라의 마음도 느긋해질 것 같았다. 그렇게 되면 불뚝불
뚝 성나는 마음도 가라앉고, 예지나 윤화를 보면서 스스로
를 득득 긁는 감정도 사라질까? 스스로 원하는 것이 무엇
인지 선명하게 알 수 있을까? 생각이 꼬리에 꼬리를 물고
이어지다가 세라는 문득 파워 충전소를 떠올렸다.

  '마음에 힘이 필요하다 싶으면 찾아와.'

  파워 충전소의 할머니가 분명히 그렇게 말했다. 세라는
할머니를 불렀다. 할머니가 고개를 반짝 들고 세라와 눈을
맞췄다.

  "할머니가 보기에 파워 충전소 어때요?"

"좋지. 그냥 거기 앉아 있기만 해도 편하더라. 오랫동안 연구에만 몰두한 과학자들이라서 그런지 아는 것도 많고……."

"믿을 만하다는 거죠?"

세라가 거듭 물었다. 할머니는 단박에 고개를 끄덕였다. 세라는 김치볶음밥을 입에 넣으며 다시 생각했다. 자기 자신을 믿어야 멘탈이 강해진다고 했다. 그렇다면 파워 충전소의 할아버지와 할머니를 믿어야 파워 충전의 효과도 생기지 않을까. 이번에는 소율이와 훈이의 얼굴이 떠올랐다. 두어 달 전부터 소율이와 훈이는 달라지기 시작했다. 두 아이는 파워 충전소에서 파워를 충전받았다고 했다. 파워 충전소가 생긴 것도 그 무렵인 것 같았다.

'내가 멘탈 파워를 받아 볼까? 그러면 나를 믿는 마음도 더 강하게 키울 수 있을까? 어쩌면 내가 배우가 되려는 이유도 확실하게 알 수 있을지 몰라.'

세라의 마음은 약간 느슨해졌지만 여전히 불안했다. 무엇인가 세라를 강하게 잡아 줄 힘이 필요했다. 세라 혼자 이런저런 생각을 하는 동안 할머니는 엄마에게 파워 충전소에 대해 설명했다. 할머니의 말을 들으면서 엄마는 세라

를 보았다.

"궁금하면 엄마랑 같이 가 볼래?"

엄마가 세라에게 손을 내밀었다. 이런 기회를 달싹 날려 버릴 수는 없었다. 밖은 이미 어둑한 밤이었지만 세라는 곧장 파워 충전소에 전화를 걸었다. 파워 충전소의 할머니가 웃음 가득한 목소리로 언제든 오라고 했다. 세라는 부리나케 김치볶음밥이 담긴 그릇을 비웠다.

멘탈 파워란?

 멘탈 파워의 주인공은 세라란다. 다들 잘 알고 있지?

 정말 잘됐어. 세 번째 파워는 네가 꼭 받았으면 했거든.

 왜?

 항상 온몸에 잔뜩 힘을 넣고 다니는 게 보였거든.
그건 긴장하고 있다는 거니까,
마음이 얼마나 힘들까 생각했어.

 오, 그런 게 다 보였다니, 소율이는 이제 파워를
연구하는 일에 동참해도 되겠구나. 허허허.

 그런데 멘탈 파워가 정확하게 뭐예요?

멘탈은 생각이나 판단을 하는 정신세계를 말한단다.
감정이나 에너지 등을 총동원해서 무엇인가를 이룰 수 있도록
이끌어 가는 것으로, 일상적인 마음이나 생각하고는 조금 차이가 있지.
목표를 뚜렷이 잡고 목표를 향해 나아갈 수 있도록 밀어주는 힘이랄까.
멘탈 파워는 멘탈을 강력하게 조성해 주는 힘이니만큼
생각, 감정, 에너지를 조절해서 각자가 지닌 잠재 능력을
최대한 발휘하게끔 돕는단다. 멘탈 파워가 강해지면
새로운 것에 도전하는 것을 두려워하지 않고,
힘들고 어려운 일도 스스로 극복해 낼 수 있어.
긴장감이나 지나친 경쟁심을 줄이고,
평상심을 유지하는 데도 도움이 되지.

지난번에 멘탈 파워는 자기 자신을 믿는 힘에서 나온다고 하셨잖아요. 그런데 저는 저 자신을 믿지 못하고 불안해하더라고요. 그래서 멘탈 파워를 충전받고 싶었어요.

자기 자신을 믿는 힘을 흔히 '자아 존중감'이라고 하는데, 여기에는 스스로에 대한 평가나 느낌도 포함된단다. **자아 존중감**은 비교적 어릴 때 형성되는데, 다른 사람의 평가나 상호 작용, 성공에 대한 경험 그리고 부모님의 관심이나 보살핌 등 가정 환경적인 요인에 따라 달라질 수 있어. 물론 어느 한 가지 요소가 절대적으로 영향을 미치는 것은 아니지만.

그럼 어떤 아이가 자아 존중감이 높은 거예요?

자아 존중감이 높은 아이는 다른 사람과의 관계에서 긍정적인 표현을 많이 하고, 자신의 의견이나 생각을 적극적으로 표현하지만, 다른 사람의 감정이나 상황에 공감하는 능력도 뛰어나단다. 반면에 자아 존중감이 낮은 아이는 작은 일에도 불평이나 불만이 많고, 짜증도 심하지. 스스로를 향해서도 부정적인 단어를 많이 쓰고.

제가 그랬던 것 같아요. 엄마한테 불평이나 불만도 많았고 짜증도 심했어요. 무엇보다 저는 제가 무척 밉고 싫었어요.

 멘탈 파워를 세라가 받아서 정말 다행이야. 그런데 멘탈 파워도 충전받았다고 해서 저절로 좋아지는 건 아니죠?

 그렇지. 멘탈 파워를 기르려면 우선 자기 자신을 긍정하고 인정하는 자세가 필요하단다. 그러려면 자신의 긍정적인 면을 찾아내 스스로를 칭찬하고 격려해야지. '칭찬 일기'를 작성하는 것도 한 가지 방법이 될 수 있어.

칭찬 일기요?

 하루에 한두 개씩 스스로를 칭찬할 거리를 찾아서 적어 두는 거지.

 오, 나도 칭찬 일기 써야지! 재밌겠다!

자기 자신을 파악하려는 노력도 게을리해서는 안 돼. 자신의 강점, 약점이 무엇인지를 기록하고, 본인에게 기회가 되는 것과 위협이 되는 것을 정리해 둘 필요가 있지. 그리고 위협이 되는 경우 어떻게 대처할 것인가를 미리 생각해 둔다면 그런 일이 생겼을 때 위협에서 벗어나기 훨씬 쉬울 거야.

위협이 되는 경우라면, 훈이가 국어 수행 평가 중에 시간에 쫓기게 되었던 그런 상황을 말씀하시는 거예요?

그렇지. 훈아, 다시 그런 상황이 닥친다면 어떻게 할 거니?

음, 모르는 문제는 건너뛰고 다음 문제에 집중할래요!

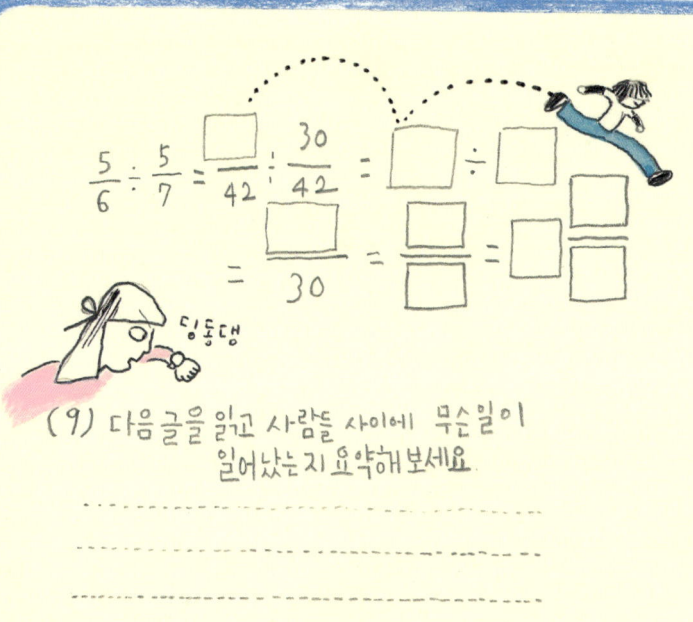

좋은 생각이구나. 세라는 너한테 어떻게 적용해 볼래?

 저는 오디션장에서 종종 심한 스트레스를 느끼곤 하는데요. 그럴 때 심호흡을 여러 번 하고, '나는 할 수 있다!' 이런 마음을 먹을 거예요.

 세라도 멘탈 파워를 아주 잘 키울 수 있을 것 같아.

 사람은 누구나 급격한 감정의 변화를 겪을 수 있어. 이때를 빨리 알아차리고 평상심을 유지하는 게 중요한데, 바로 그럴 때 필요한 힘이 멘탈 파워란다.

오디션에서 떨어져도 빨리 평상심을 회복할 수 있도록 노력해야겠어요.

 그러려면 목표를 구체적으로 세우는 게 좋아. 목표가 구체적일수록 목표에 다가가고자 하는 의지가 커지기 때문에 마음의 중심을 더 단단하게 잡을 수 있거든.

 칭찬 일기와 함께 '감사 일기'를 적어 보는 것도 도움이 될 거야. 자신을 긍정적으로 보는 건 감사하는 마음에서 비롯되거든. 일부러라도 그날그날 감사했던 일이나 상황, 마음들을 정리해 두고 흔들릴 때마다 읽어 보면 마음의 중심을 잡는 데 도움이 될 거야.

 다른 사람과 비교하는 마음이나 경쟁심, 열등감 등은 자신을 힘들게 하는 요소란다. 이런 마음을 덮을 수 있는 건 자기 자신에 대한 사랑이야. 이걸 꼭 기억하길 바란다!

네, 명심할게요!

5월 9일   칭찬일기

오늘은 모둠이 새로 바뀌었다.
우리 모둠은 돌림노래를 같이 불렀다.
"이런걸 왜 하냐" 하던 지난번과
달리 친구들과 호흡을 맞춰
 부르는 노래가 즐거웠다.
 함께 큰 목소리로
노래를 부른 나를 칭찬한다. ♡
내 목소리는 의외로 높이 올라간다는걸
  알았다.
같이 즐겁게 노래를 부른 친구들에게
 고맙단 마음이 들었다.
  함께 노래한 나와 친구들을
   칭찬한다.

에필로그

　세라는 산책로 입구에서 기다리고 있던 윤화에게 손을 흔들어 인사했다. 윤화의 얼굴이 반짝반짝 빛났다. 마음속 먼지를 말끔하게 지운 듯한 얼굴이었다.
　"언니, 나 연습생 그만두기로 했어."
　윤화가 말했다. 세라는 눈을 동그랗게 뜨고 윤화를 보았다. 윤화는 해죽 웃으며 천진하게 말했다.
　"아무래도 내가 원하는 길이 아닌 것 같아서. 전에 언니한테 말했지?"
　세라는 고개를 끄덕였다. 마음먹은 걸 바로 실행하는 윤화가 또 부러웠다.
　"넌 멘탈이 정말 강한 것 같아."

세라가 윤화를 보며 싱긋 웃었다. 그리고 어깨를 쫙 폈다. 멘탈 파워를 충전받았으니 세라의 멘탈도 강해질 것이다. 그렇게 되도록 꾸준히 노력할 것이다.

윤화와 헤어지고 산책로를 빠져나오는 길이었다. 누군가가 세라를 붙잡았다. 몸에 착 달라붙는 세련된 운동복 차림에 커다란 헤드폰을 끼고 있는 아주머니였다.

아주머니는 허리에 두르고 있던 작은 가죽 지갑에서 명함을 꺼내 세라에게 내밀었다. 명함에는 모델 에이전시 스카우트팀 부장이라는 직함이 찍혀 있었다.

"걸음걸이가 모델 하면 딱 좋을 것 같아서 그래요. 생각해 보고 연락 줘요."

아주머니는 이내 가던 길로 빠르게 사라졌다. 아주머니의 뒷모습에서 힘이 넘쳤다. 세라는 명함을 다시 들여다보았다. 모델. 세라처럼 자기 색깔이 강한 아이는 배우보다 모델이 맞을지도 몰랐다. 세라가 어떤 선택을 하느냐는 아빠나 엄마 때문이 아닌, 온전히 세라만의 생각으로 판단할 문제였다. 세라는 자그마한 명함을 주머니에 찔러 넣었다. 그리고 허리를 곧추세우고 걸음을 디뎠다. 발가락 끝으로 바짝 힘이 들어갔다.

> 작가의 말

멘탈 파워, 자신을 믿고 사랑하기!

'영혼이 가출했다', '멘탈이 털린다'

혹시 이런 말 들어본 적 있나요? 이런 경험을 해 본 적은요? 아니다, 우리 친구들은 영혼이 가출하는 듯한 경험을 해 보지 않았기를 바라요. 그건 정말 삐질삐질 진땀이 나는 일이거든요.

몇 해 전이었어요.

원고 마감을 앞두고 컴퓨터 앞에 앉아 열심히 글을 쓰고 고치기를 반복할 때였지요. 아마 꽤 오랜 시간 컴퓨터 앞에서 원고와 씨름하며 골머리를 앓았을 거예요. 긴긴 시간을 보내고 마침내 원고에 마침표를 찍는 순간 너무나 기뻐서

"야호!" 만세를 부르는데 말이지요,

'툭!'

컴퓨터의 전원이 꺼져 버렸어요! 진짜로 모니터가 갑자기 까맣게 변해 버렸다고요. 순간 두 눈은 휘둥그레지고, 머릿속은 아득해졌어요.

'어떻게 하지?'

그 생각만 뱅글뱅글 맴돌았어요.

나는 허둥거리며 컴퓨터 전원 버튼을 눌렀어요. 그랬더니 '부우웅-' 하는 컴퓨터 작동 소리가 들리면서 진짜로 컴퓨터가 꺼졌어요. 모니터가 꺼진 것을, 컴퓨터가 꺼진 줄 알고 컴퓨터 전원을 끈 거예요. 나는 너무나 당황해서 허둥지둥 다시 컴퓨터를 켜고 모니터를 탕탕 두드렸어요. 그러다가 겨우겨우 모니터를 켜고 원고를 불러냈는데요. 아아! 어렵게 고치고 고쳐 가며 쓴 원고 뒷부분이 없는 거예요. 원고가 저장되기 전에 컴퓨터를 끈 탓이었어요. 그때의 느낌이 딱 그랬어요. 영혼이 떠나간 느낌, 멘탈이 탈탈탈 털려 버린 느낌이요!

'마감이 코앞인데 어쩌지?'

생각할 겨를도 없이 컴퓨터 앞에 앉아 날려 버린 원고 뒷부분을 쓰려는데, 불과 몇 시간 전에 썼던 글이 하나도 생각나지 않고, 억지로 기억을 되살려 쓰고 나니 마음에 들지 않았어요. 진짜 슬프고 허망했답니다.

파워 충전소의 세 번째 이야기를 구상하면서 나는 그때의 느낌을 떠올렸어요. 그리고 그런 느낌은 누구나 언제든 느낄 수 있다는 생각에 이르게 되었지요. 특히나 무엇인가에 다급하게 쫓기고 있을 때, 혹은 정말 잘하고 싶은 무엇인가를 하고 있을 때 오히려 더 당황하고, 실수하곤 하잖아요? 그래서 나는 파워 충전소에서 받을 수 있는 능력 가운데 하나로 '멘탈 파워'를 선택했어요.

'나는 멘탈이 아주 강해. 그래서 무슨 일이 닥치든 당황하거나 실수하지 않아.'라고 자신 있게 말하는 친구도 분명히 있을 거예요. 하지만 멘탈이 흔들리는 순간은 예고도 없이 불쑥 찾아와요. 세라나 훈이가 그랬던 것처럼요. 그래서 그런 일이 닥쳤을 때 멘탈을 붙잡고, 스스로 중심을 잡을 수 있는, 강한 멘탈 만들기 훈련이 필요해요. 훈련법은 파워 충전소 소장님들이 알려 주셨으니까 넘어갈게요!

나는 우리 친구들의 멘탈이 튼튼했으면 좋겠어요. 그래서 어떤 일이 닥치더라도 당황하지 않고 슬기롭게 잘 헤쳐

나갔으면 좋겠어요. 그러려면 자기 자신을 믿고 사랑하는 마음이 가장 중요하다는 사실, 꼭, 꼭 기억하기로 해요!

강한 멘탈을 갖고 싶은 작가, 최은영

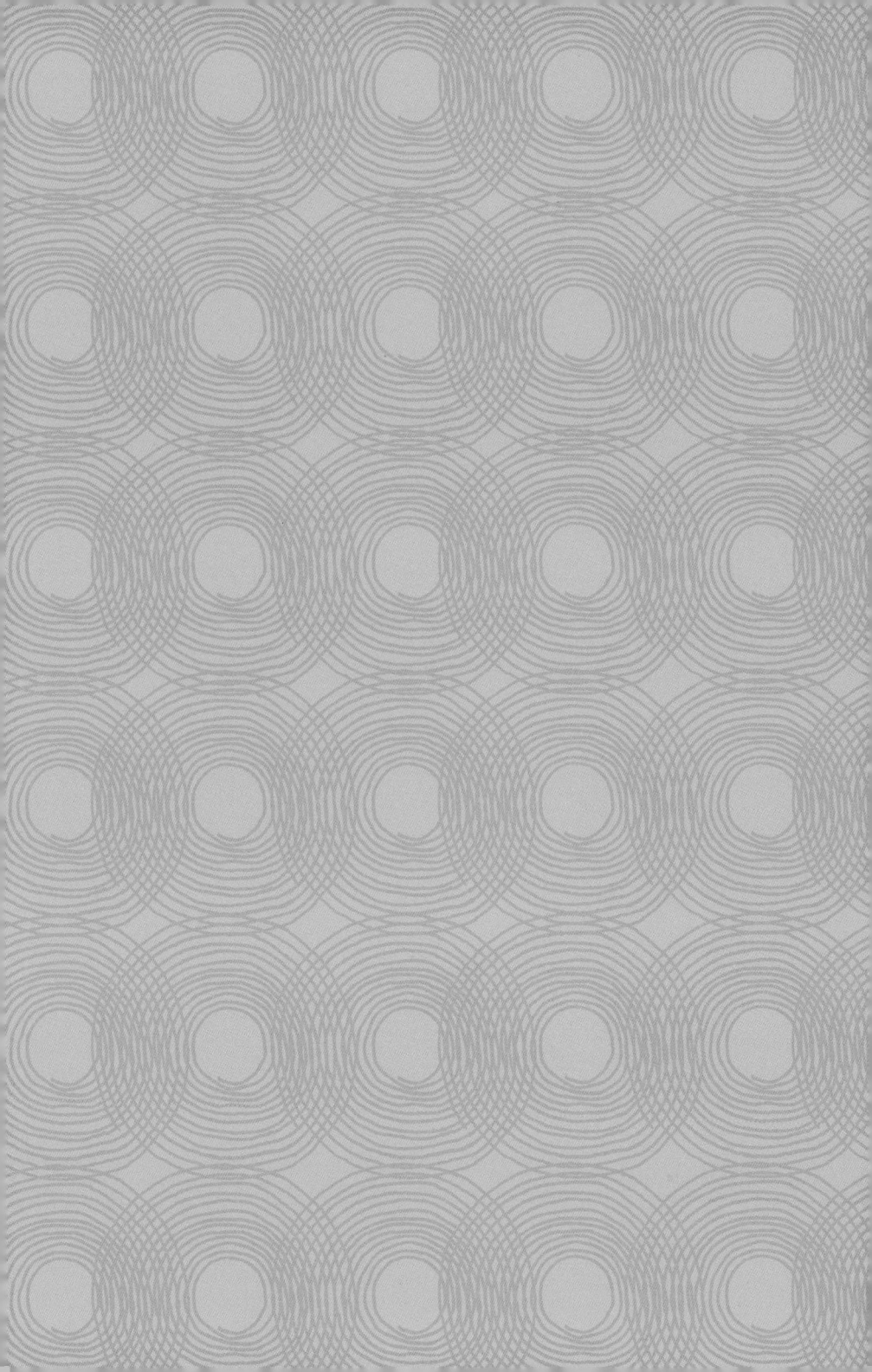